Ludger Veelken
Reifen und Altern

Altern • Bildung • Gesellschaft
Herausgegeben von Ludger Veelken

Band 12

Ludger Veelken

Reifen und Altern

Geragogik kann man lernen

ATHENA

Die in diesem Buch enthaltenen Schaubilder und Grafiken (Folie 1 bis 24) sind als OHP-Foliensatz zum Preis von 24,00 Euro zzgl. Versandkosten vom Verlag zu beziehen.

Bibliografische Information der Deutschen Bibliothek

Die Deutsche Bibliothek verzeichnet diese Publikation in der Deutschen Nationalbibliografie; detaillierte bibliografische Daten sind im Internet über <http://dnb.ddb.de> abrufbar.

1. Auflage 2003
Copyright © 2003 by ATHENA-Verlag,
Mellinghofer Straße 126, 46047 Oberhausen
www.athena-verlag.de
Alle Rechte vorbehalten
Druck und Bindung: Difo-Druck, Bamberg
Gedruckt auf alterungsbeständigem Papier (säurefrei)
Printed in Germany
ISBN 3-89896-158-3

Inhalt

Vorwort	7
Einleitung	11
I Geragogik in der Lerngesellschaft – Theoretische Aspekte	17
1 Fliege oder Spinne – Gefangen im Lebenslauf?	18
2 Demographischer Wandel und Strukturveränderungen des Alterns	22
3 Sozialisation und Lebenslauf	26
4 Die Binnenstruktur der Identität	31
5 Identität und Sozialer Wandel	34
6 Identität und Modernisierungsprozess	38
7 Identitätsentfaltung im Lebenslauf	42
8 Aspekte westlicher und fernöstlicher Lebenslauftheorien	49
II Geragogik als Herausforderung und Chance	55
9 Gerontologie und Geragogik	56
10 Felder und Zielstellungen der Geragogik	60
11 Elemente geragogischen Lernens	71
12 Aspekte Transpersonaler Geragogik	78
III Geragogik als Intergenerationelles Programm	85
13 Jung und Alt als natürliches Phänomen	86
14 Lebenslauf und Geschichte	88
15 Felder intergenerationeller Programme	96
16 Senioritätsprinzip und Modernisierungsprinzip	99
17 Wertewandel bei Jung und Alt	105
18 Gesellschaftlicher Bedarf intergenerationeller Programme – Felder und Beispiele	123
IV Geragogik als Studienfach	135
19 Wissen – Orientierung – Veränderung	137
20 Erfahrungs- und Erklärungsebene am Beispiel »Erstsemester an der Universität«	140
21 Der Weg wissenschaftlichen Arbeitens am Prozess	142
22 Elemente sinnvollen wissenschaftlichen Arbeitens	145
V Geragogik in der Lerngesellschaft – Ausblick und Zukunftsperspektiven	149
Liste der Folien	153
Literaturliste	155

Vorwort

Das Buch »Reifen und Altern – Geragogik kann man lernen« ist entstanden aus mehrjähriger Praxis in Seminaren, Vorträgen und Workshops, die sich unter verschiedenen Aspekten mit dem Lebenslauf und dem Altern auseinandersetzten, so z. B. mit Themen wie »Altern als Chance«, »Weiterbildung von Senioren«, »Lernen und Wachsen«, »Liebe und Sexualität im Lebenslauf«, »Identität und Orientierung – die Antwort der Religionen im Modernisierungsprozess«, »Neue Chancen am Ende des Arbeitslebens«, »Identität, Religion und moderne Gesellschaft«.

Fast regelmäßig fragten mich die Teilnehmer, ob es möglich wäre, eine Kurzzusammenfassung, eine übersichtliche Grundlage, ein Manual zu erhalten.

Im Lateinunterricht hatten wir vor Jahrzehnten neben den dicken Wälzern zur Grammatik eine lateinische »Kurzgrammatik«, die in verständlicher Form, in übersichtlicher Weise die wichtigsten Regeln und Zusammenhänge aufzeigte. Dieses Buch soll so etwas sein wie eine »gerontologisch/geragogische Kurzgrammatik« für den Alltagsgebrauch.

Dabei ist es nicht mein Anspruch, die gesamte Gerontologie darzustellen. Vielmehr werden die aus meiner Sicht wichtigen Themen, Theorien und Zusammenhänge und Praxisfelder dargestellt.

Das Buch gleicht einer Reise. Den Anfängern dient es als ersten Einstieg in die Motivation für die eigene Arbeit im Handlungsfeld Altenarbeit. Wer schon länger mit Älteren arbeitet, dem soll es zum besseren Verständnis der Älteren und der eigenen Begegnung mit ihnen dienen. Wer damit arbeiten will, kann Grundlagen zur eigenen Konzeptbildung herausarbeiten, und insgesamt dient es zur Förderung der eigenen Kompetenz auf den verschiedenen Stufen der Reise.

Das Buch ist gleichzeitig eine Zusammenstellung der für mich wichtigen und bedeutsamen Themen während meiner beruflichen Tätigkeit. Meine drei akademischen Grade führen mir die drei Wurzeln meiner Tätigkeit vor Augen.

Das Diplom in Theologie (1964) bildet die Grundlage für mein Interesse an der »Reise nach Innen«, den Kräften der Spiritualität.

Die Dissertation im Bereich der Jugendsoziologie zur Frage der Identitätsentfaltung im Jugendalter (1976) war Basis für mein Wirken in der schulischen und außerschulischen Jugendarbeit. Freizeit und Konsum waren noch nicht kommerzialisiert und wir hatten die ersten Kinderdiscos, Abenddiscos für die Jugendlichen, die ersten Ferienlager auf Ameland. Damals habe ich gelernt, wenn das Angebot stimmt und einen Sinn macht und der Entfaltung der Identität dient, ist das Jugendheim voll besetzt, ist die Anmeldung zum Amelandlager nach einer halben Stunde ausverkauft. Ohne den Begriff Gerontologie schon benutzen zu können, waren mir damals die Begegnung mit älteren Menschen und die Sterbebegleitung ein wichtiges Anliegen.

Die Aufgabe der Leitung des ersten Modellversuchs der Bund – Länder – Kommission für Bildungsplanung und Forschungsförderung zur »Öffnung der Hochschulen für ältere Erwachsene« brachte die Herausforderung der Habilitation unter Begleitung und Förderung meines akademischen Lehrers Konrad Pfaff mit der venia legendi »Soziologische Gerontologie und sozialpädagogische Geragogik« (1981) mit sich.

Nach zwanzig Jahren beruflicher Tätigkeit als Sozial – Gerontologe und Geragoge und als Leiter des Weiterbildenden Studiums für Seniorinnen und Senioren an der Universität Dortmund, nach der langen Zeit der Begleitung junger und älterer Studierender auf ihrem Weg der Entfaltung der Identität mit Hilfe des Mediums Wissenschaft, werde ich mich nach meiner Pensionierung neuen freiwilligen Tätigkeiten zuwenden, die den drei Wurzeln entsprechen.

Dieses Buch soll auch ein kleiner Dank und ein Geschenk sein für diejenigen, die mich gefördert und herausgefordert haben, meine spirituellen und akademischen Lehrerinnen und Lehrer, die Mitarbeiterinnen und Mitarbeiter, die Jugendlichen in der Jugendarbeit, die jungen und älteren Studierenden in der universitären und außeruniversitären Lehrtätigkeit, die Gruppe der Doktorandinnen und Doktoranden. Was wäre ein Lehrer ohne seine Schülerinnen und Schüler?! Das Buch soll gleichzeitig Begleitmaterial und Manual für die Teilnehmer in meiner weiteren Tätigkeit sein.

Die Formulierung der Überschrift und des Gedichts am Anfang wurde dankenswerterweise von meinen Lehrer Kim da Silva miterarbeitet und vorgeschlagen. Anregungen und Verbesserungsvorschläge für die Folien verdanke ich Teilnehmern meiner Seminare und Vorträge.

Für die Erstellung und Gestaltung der Folien und für die unermüdliche Arbeit bei der Fertigstellung des Manuskriptes sage ich Katharina Hommel ein herzliches Dankeschön. Mein Dank gilt den Studierenden der 22. Studiengruppe des Weiterbildenden Studiums für Seniorinnen und Senioren für die Durchsicht des Manuskriptes. Wertvolle inhaltliche Verbesserungsvorschläge verdanke ich Frau Dr. Eva Gösken.

Die jeweiligen Kapitel verstehen sich als eigenständige Einheiten. Dadurch finden sich wichtige Aspekte an verschiedenen Stellen.

In den Literaturangaben wurde die gängige gerontologische Literatur nicht aufgenommen. Ich verweise auf meine anderen Arbeiten.

Dortmund, im Februar 2003   Ludger Veelken

Einleitung

Altern ist Reifen,
Reifen ist Wachsen,
Wachsen ist Lernen,
Lernen ist Hoffen,
Hoffen ist Leben.

Ludger Veelken

Altern ist, obwohl vielfach anders verstanden, Reifen und Wachsen. Der Lebenslauf vollendet sich. Die Geragogik ist die Wissenschaft, die immer verbunden mit Hoffen, auf neues Wissen, auf Orientierung, auf Sinnfindung, auf Veränderung abzielt. Geragogik ist die Wissenschaft vom Leben, denn Leben basiert auf Hoffen. ==Geragogik ist die Wissenschaft vom Lebenslauf, Lebenssinn und Lebensziel.==

Szenario I

Spanien, Costa del sol, die Sonne scheint, ich wandere durch Marbella und treffe eine deutschsprechende Gruppe Jugendlicher. Na, denke ich, sicher eine Schulklasse auf Klassenfahrt, die die Sehenswürdigkeiten des historischen Marbella erklärt bekommt. Ich treffe sie nach kurzer Zeit an einer alten Stadtmauer wieder, langsam werde ich neugierig, ich frage sie, wer sie seien. Die Antwort: »Wir sind eine Gruppe angehender Reiseleiterinnen und Reiseleiter, die für Stadtführungen vorbereitet werden.«

Bekommen die jungen Leute neben der Erklärung über das Alter der Stadtmauer auch Informationen über die Menschen, denen sie das Alter der Stadtmauer erklären?

Szenario II

Wieder Costa del sol, wieder scheint die Sonne, ein anderer Ort an der Küste. Deutsches Eldorado für rüstige Rentnerinnen und Rentner – es ist noch Vorsaison. Sie sitzen auf Plätzen, an Straßen, in Cafes, in Restaurants, essen und trinken und scheinen zu warten. Worauf? – dass das nächste Restaurant aufmacht? – dass irgendetwas Besonderes passiert? – Oder einfach nur Warten als Lebenshaltung im »Ruhestand« – warten letztlich darauf, dass das alles vorbeigeht und sie irgendwann nicht mehr da sind? – Wie las ich bei Gregor von Rezzori: »Sie sind im Sterbezimmer, sagte die Schwester. Mich befiel eine große Heiterkeit. Die Symbolik war allzu banal. Wir sind ein Leben lang im Sterbezimmer. Ich hatte das seit eh und je gewusst, und ich hatte keine Angst.« (Rezzori 1997, S. 309)

Szenario III

Immer mehr Reise- und Freizeitinstitutionen erkennen den Wert der Älteren insoweit sie Zeit haben, Geld haben – die meisten von ihnen – und etwas erleben wollen. Sie wollen reisen, die Städte erklärt haben, eigentlich der Langeweile des Wartens entgehen und landen genau dort, weil niemand sie anleitet, dass es noch etwas anderes gibt als Warten: Wachsen!

Die Tourismusbranche entdeckt die Alten. Aber wer weiß, dass Reisen mehr ist als Beschäftigung? Mir sagte vor 17 Jahren ein Älterer, der sich zum Weiterbildenden Studium für Senioren anmeldete. »Wissen Sie, die Idee war, dass meine Frau und ich, dass wir nach meiner Pensionierung auf Reisen gingen. Wir taten das zwei Jahre lang. Doch irgendwann begann es eintönig zu werden, es wurde langweilig. Wo immer wir waren, es gab ein schönes Hotel, Balkon zur See, Strand, Palmen, Sonne, aber im Grunde wussten wir gar nicht, sind wir jetzt in Florida, Thailand, Brasilien, Südafrika oder wo? Es war alles immer ähnlicher. Und da entschloss ich mich, Neues zu lernen und kam zur Universität Dortmund.«

Ähnlich ist es mit dem Leben, vor allem dem Leben nach Erwerbsarbeits- und Familienarbeitszeit. Es kann, mit so viel Schönem man sich auch umgibt, langweilig werden, ohne Sinn, ohne Ziel, ohne Richtung. Einfach nur 10 Jahre, 20 Jahre, 30 Jahre Beschäftigung. Bis dann auf einmal der Tod kommt und man aufwacht. Zu spät?

Von der indischen Philosophie wissen wir, dass die letzten Lebensjahre die wichtigsten sind. Bis dahin hat der Mensch gesammelt, angelegt, nun kann er Frucht bringen, mit dem Gesammelten den Weg des Lebens finden, zu dem er auf diesen Erd-Planeten gekommen ist.

Wir sind unser eigener Reiseleiter!

Wir haben mehrere Jahrzehnte gelebt, Erfahrungen gesammelt, Fehler gemacht – hoffentlich nicht immer dieselben – und schauen zurück und in die Zukunft. Dabei befassen wir uns gleichsam mit einem Millionsten Millimeter der langen Entwicklung der Evolution, an deren Halbzeit wir nach Ken Wilber angelangt sind. Am Anfang war der Geist, das Nichts, das DAO, die Energie, Gott, das WU CHI – in jeder Philosophie und Religion beginnt das Sein auf ähnliche Weise. Dieser Geist materialisierte sich dann über Himmelswesen, Geistwesen, Engel, Seelen zur Entwicklung der Materie, der Pflanzen, Tiere und schließlich bis hin zu den Menschen, die selbstreflexiv ein Bewusstsein entwickeln können. Am Beginn stand das Magische Bewusstsein, dann das Mythische, das Rationale. Jetzt sind wir die ersten, die eine neue Entwicklung miterleben: das transrationale Bewusstsein.

Dem »großen Sinn« von Zeit und Geschichte entspricht der »kleine Sinn«, das Leben der einzelnen. Jeder auf diesem Planeten hat eine besondere Aufgabe, die seine Identität bildet. Diese Aufgaben sind verschieden. Viele haben vergessen, dass sie an der Gestaltung des »großen Sinns« mitwirken sollen und können.

Jede Pädagogik, Andragogik und Geragogik bedeutet die Aufgabe, sich wechselseitig, der jeweiligen Lebensphase entsprechend, dazu anzuregen, Wege aufzuzeigen und in der Begegnung zu begleiten. Der Aspekt der folgenden Überlegungen ist der des Reifens, die Beschäftigung mit dem Weg des Reifens. Der Unteraspekt ist die Phase die wir »Altern« nennen, was aber in Wahrheit die Hauptreifungsphase ist.

Um das kennen lernen und verstehen zu können, müssen wir lernen, unser Bewusstsein zu erweitern, uns weiterhin neu zu orientieren.

In diesem Buch habe ich zwei Zielgruppen vor Augen: Jüngere Mitarbeiterinnen und Mitarbeiter in den verschiedenen Feldern der Altenhilfe, Altenbildung, Freizeitarbeit mit älteren Erwachsenen einerseits und ältere Erwachsene andererseits.

Viele jüngere Menschen im Bereich sozialer Dienste, die als Mitarbeiter in der Jugendarbeit oder Erwachsenenbildung ihr Berufsleben begonnen haben, finden sich heute wieder in Handlungsfeldern der Altenarbeit, weil dort Stellen freigeworden sind oder weil sie eine neue Herausforderung suchen. In der Jugendarbeit waren sie gewohnt, auf längere Zeit zu planen. »Ihre« Jugendlichen standen am Anfang ihres Lebensweges, und Jugendarbeit konnte dazu beitragen, eine sinnvolle Planung von weiteren 70 Jahren zu fördern. Jugend bedeutete Leben, Modernität, Dynamik, Wandel und Wechsel: »Man kann noch etwas bewegen«. Und nun? Alter bedeutet im normalen Alltagsverständnis Stillstand, Langeweile, Abbau, Verlust, Traurigkeit. Wer mit älteren Menschen arbeitet, kann selbst nicht so ganz voll Kraft sein – so die Vorstellung vieler. Das Defizitmodell des Alters – alles wird weniger, geringer, kleiner, ist nicht mehr so viel wert – kann sich auf die Einstellung der MitarbeiterInnen in der Altenarbeit auswirken. Die Anerkennung wird kleiner, die Lohnangebotsvorstellungen werden kleiner, das Leben wird kleiner. »Zu einer kleinen Weihnachtsfeier in kleinem Rahmen wurde eine kleine Gruppe von alten Menschen eingeladen, die mit kleinen Geschenken beglückt wurden, wobei kleine Kinder einige kleine Liedchen sangen« – so ähnlich kann man zu jedem Jahresende lesen. Die Gefahr ist groß, dass damit die Einstellung verbunden ist, Altenarbeit ist nur ein Job, den man mal macht, wenn man selbst etwas älter geworden ist. Man kann nicht mehr so viel bewegen. Wachstum findet nicht mehr statt. Es genügt, den Älteren auf einer Reise zu erklären, wie hoch der Turm ist, wie alt die Mauer ist, wer in diesem oder jenem Haus gewohnt hat – und dann lässt man sie wieder laufen. Das kann auf Dauer nicht befriedigend sein. Es gibt aber auch viele Jüngere, die von vornherein damit nicht zufrieden sind. Sie haben irgendwo erlebt, dass Altern Reifen und Wachsen bedeutet und suchen nach Wegen, dieses Ziel auch in ihrer Alltagspraxis zu verwirklichen.

Die zweite Zielgruppe sind die Älteren selbst. In der Regel finden sie sich auf einmal wieder, noch relativ gesund, mit relativ gutem Einkommen, die meisten von ihnen mit viel Zeit, mit der sie nichts anzufangen wissen. Sie gehören zur Gruppe »Geh mal« – hierhin und dahin. Die Umgebung ist oft froh, so viele Unentschlossene, Nicht-wissen-was-sie-tun-Sollende, Dankbare, leicht zu umgarnende Menschen vor sich zu haben, deren Zeit, Geld, Erfahrung ausgenutzt werden kann. Die Älteren fliehen in die Sonne, warten, wie der Tag weitergeht, sitzen und sehen, essen, trinken, und reisen dann weiter. Nach längerem Flug gerade angekommen, lautet die Frage: »Wohin fahren wir denn jetzt«?

Das kann auf Dauer nicht befriedigen. Vielmehr geht es darum, neue Möglichkeiten zu sehen, im Zusammenhang von Reisen, Lernen, Reifen neue Träume zu verwirklichen.

Die Struktur des Buches ergibt sich aus der logischen Aufeinanderfolge der einzelnen Folien und der damit verknüpften erklärenden Begleittexte. Im Einzelnen unterteile ich in vier Kapitel: I Geragogik in der Lerngesellschaft, II Geragogik als Herausforderung und Chance, III Geragogik als intergenerationelles Programm und IV Geragogik als Wissenschaftsdisziplin und Studienfach.

Die erste Überlegung geht aus von unserer Stellung in Gesellschaft, Biographie und Lebenslauf. Inwieweit sind wir Gefangene unseres Lebenslaufs, inwieweit sind wir in der Lage, den Lebenslauf selbst zu beeinflussen? Der demographische Wandel und die Strukturveränderungen des Alterns bieten den äußeren Rahmen, in dem Geragogik entfaltet werden kann. Als Basistheorien werden die Theorien der Sozialisation und der Struktur der Identitätsentfaltung im Lebenslauf herangezogen. Modernisierungsprozess der Gesellschaft und die verschiedenen Facetten der Identitätstheorie – Binnen- und Phasenstruktur – ergeben die theoretische Grundlage für die Entwicklung der Geragogik.

Die Geschichte der Gerontologie im Rahmen des Übergangs zur Lerngesellschaft zeigt Herausforderung und Chance der Geragogik. Felder und Zielsetzungen konkretisieren diese Aussagen und Elemente des geragogischen Lernens, ergeben neue Modelle. Ein kurzer Hinweis auf die weitere Ausgestaltung der Geragogik in Richtung auf eine Transpersonale Geragogik schließt das Kapitel ab.

Einer Gettoisierung sowohl der Gruppe der Älteren als auch der Wissenschaft der Gerontologie als Ganzes wird vorgebeugt durch die Erweiterung um den Aspekt der Geragogik als intergenerationelles Programm und Feld intergenerationellen Lernens. Generationsübergreifendes Leben und Lernen wird als natürliches Phänomen angesehen. Respekt und Anerkennung voreinander ergeben sich aus der Berücksichtigung des Zusammenhangs von Lebenslauf und Geschichte. Im einzelnen werden Felder und Beispiele aufgezeigt und der Grundwiderspruch zwischen Senioritätsprinzip und Modernisierungsprinzip erarbeitet und am Beispiel der Ergebnisse einer indogermanischen Untersuchung zum Wertewandel bei Jung und Alt konkretisiert.

Um nun die erarbeiteten und dargestellten Aussagen zu Theorie und Praxis der Geragogik auch nutzbar machen zu können, werden Vorschläge zum Lernen und zum wissenschaftlichen Arbeiten im Rahmen der Geragogik als Wissenschaftsdisziplin und Studienfach aufgezeigt.

I

Geragogik in der Lerngesellschaft – Theoretische Aspekte

Wissensgesellschaft, Bildungsgesellschaft, Lerngesellschaft – einige Bezeichnungen für unseren derzeitigen Standort.

Die Lerngesellschaft ist gekennzeichnet als Gesellschaft Lebenslangen Lernens.

Lernen steht im Kontext von Sozialisation, der Vermittlung von Kultur und Gesellschaft für den einzelnen und der möglichen Rückbeeinflussung von Kultur und Gesellschaft durch den einzelnen.

Ziel des Sozialisationsprozesses ist die Entfaltung der Identität des Menschen. Der Prozess der Identitätsentfaltung beginnt bei der Geburt und endet beim Tod. Dem jeweiligen Lebensalter sind Entwicklungsaufgaben zugeordnet.

Sozialisation und Identitätsentfaltung sind kontextabhängig. Sie stehen im Kontext der jeweiligen Kultur und Gesellschaft und wandeln sich im Prozess Sozialen Wandels, im Verlauf des Modernisierungsprozesses.

Der Prozess der Sozialisation endet nicht beim Übergang vom Beruf in den »Ruhestand«, endet nicht in einem bestimmten Alter.

In der genaueren Erarbeitung dieser Gegebenheiten auch im Sinne der Bildungs- und Kultursoziologie liegen Herausforderung und Chance der Geragogik.

1 Fliege oder Spinne – Gefangen im Lebenslauf?

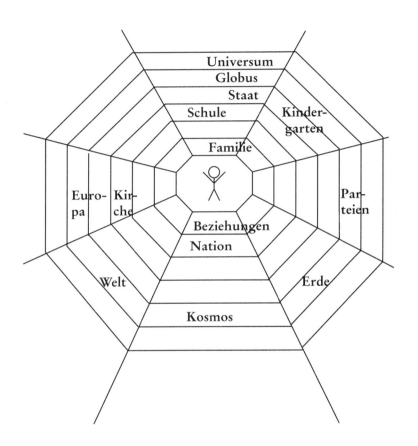

Folie 1

Sind wir Fliege oder Spinne, Gefangene unserer Umwelt oder Gestalter unseres Lebensnetzes?

Von klein auf sind wir eingefasst in verschiedene soziale Umwelten. Das beginnt in der Familie, deren Mitglied wir werden. Wie ist das mit den Beziehungen? Leben wir unseren eigenen Rhythmus oder folgen wir nur dem Rhythmus der Partnerinnen oder Partner. Bekommen wir in Beziehungen Mut zum Loslassen oder sind wir voll Angst davon beherrscht, den anderen festzuhalten?

Ähnliches gilt für die Familien. Wir sind Mitglied, müssen gehorchen, müssen lernen, uns unterzuordnen. Gibt es hier Freiheiten zur eigenen Gestaltung oder sind wir auch hier die Fliege, die von der Spinne Familie aufgefressen wird?

Es folgen Kindergarten, Schule und Kirche. Lernen, eigentlich etwas, was spannend ist und Spaß machen soll, ist oft gebunden an Stillsitzen, Mund halten, Hände auf den Tisch. Können wir uns selbst verwirklichen, ein Gefühl für unsere eigene Kompetenz bekommen, oder haben wir als Erwachsene immer noch Angst vor den Fragen der Lehrer, vor Prüfungen, Klassenarbeiten, deren Sinn wir nicht vorher erklärt bekamen und die uns überfordert haben? Wie ist das mit der Kirche? Haben wir ein Gefühl, ein Gespür für die spirituelle Ebene bekommen, ein Gefühl von Weite, der seit Jahrtausenden die Menschen folgen? Haben wir die Erfahrung gemacht, dass wir auf dem Rückweg zum Höchsten Selbst sind, dass wir unsterbliche Seelen sind, die auf diesem Erdenplan in dieser Zeit, in diesem Körper eine Aufgabe zu erfüllen haben? Oder war es mehr ein Lernen von Regeln, die unter Strafandrohungen uns zur Einhaltung zwingen sollten? Bestand in unserer Erinnerung Kirche vorwiegend aus »Moralin«, die den Oberen die Arbeit mit uns erleichtern sollte? Haben wir Kirche erfahren als einen Ort des Lernens, der uns zu mündigen Menschen machen will und uns nicht klein halten will als unmündige Kinder?

Je enger das Netz, umso größer die Bindung. Bei weiterführenden Schulen wurde die Dichte schon weniger. Universität war für viele schon ein Ort der Selbstbestimmung, wenn sie denn dazu angeleitet wurden und Engagement und Spaß Grundlage des Studiums waren.

Das weitere Umfeld besteht aus Nation, Staat, Parteien. Sind wir hier festgesetzt zu einer vorgegebenen Meinung – Nationalismus, Parteiendünkel – oder haben wir die Freiheit, das Fremde, Andersartige, Nichtbekannte zuzulassen – gegen Fremdenhass, festgelegte Leitkulturen?

Wir sind Kinder dieses Planeten Erde, der Natur, deren Teil wir sind. Sind wir in Harmonie mit der Natur oder leben wir gegen unsere Natur, sind wir Zerstörer der Umwelt?

Und schließlich der ganz große Blick. Wir sind Teil des Kosmos, des Universums, wie eine Welle, die einen kurzen Augenblick sich erhebt und dann wieder Teil des Ozeans wird.

Alle Umwelten, die von Menschen gemacht sind, sind konstruierte Wirklichkeiten, in bestimmten Zeiten und Epochen entstanden, verändert und neu gefasst. Sie sind abhängig von Ort und Zeit. Sie sind relative Umwelten, die wir wieder verändern können.

Erde, Natur, Kosmos und Universum sind andere Wirklichkeiten. Sie sind ebenfalls wandelbar, aber nicht von Menschen konstruiert. Wir müssen lernen, willens zu sein, mit ihnen in Harmonie zu leben, in Einklang mit der Natur, in Harmonie mit der Erde, im Rhythmus des Universums.

Die entscheidende Frage lautet, wer bin ich? Bin ich in diesem Zusammenhang eine Fliege, abhängig von Kontexten, wie ein Blatt im Wind sich drehend je nachdem, wer gerade das Sagen hat? Oder verstehe ich mich als Spinne, die das eigene Lebensnetz mitknüpft, die Entscheidungen fällt, bevor sie von anderen entschieden wird, die plant, bevor sie verplant wird?

Wie wir im Einzelnen noch sehen werden, leben wir in einer Zeit, die dieses Identitätsbewusstsein einerseits einengt, andererseits ausweitet. Der Soziologe Behrendt hat schon vor Jahren darauf hingewiesen, dass unsere Identität durch fünf verschiedene Elemente beeinflusst wird.

In der Zeit der Macht des Geldes, die weltweit im Zuge der »Globalisierung« wächst, ist eine *Abnahme der Orientierung an transzendentalen Symbolen* festzustellen. Wo wir früher eingepasst waren in vorgegebene Sinnwelten, die weitgehend von der jeweils »zuständigen« Religion verwaltet und angeboten wurden, ist für viele eine Leere erlebbar. Verschiedene Sinnwelten versuchen eine Antwort zu geben, zwischen denen wir uns entscheiden müssen. Gerade Jugendliche wählen aus den verschiedenen Philosophien aus und konstruieren sich ihre eigene Patchworkphilosophie und -religion.

Mit dem Verlust der Bindung an vorgegebene Sinnwelten ist ein *Autoritätsvakuum* entstanden, das dem einzelnen es erleichtert und gleichzeitig erschwert, den eigenen Lebensweg zu finden.

Während früher der Lebensweg weitgehend von Religion, Familienzugehörigkeit, Schulbesuch, Berufsanfang vorherbestimmt war, ist heute eine *Einbuße an Kontinuität* festzustellen. Die familiäre Identität wechselt mit dem Anwachsen der Patchworkfamilien, in denen sich Kinder und Eltern aus verschiedenen Ehen wiederfinden. Die Schulreform hat für viele dazu geführt, dass sie aus verschiedenen Schulen auswählen können, dass Schulen gewechselt werden können. Auch aus Kirchen und Religionsgemeinschaften werden Austritte verstärkt festgestellt, auch der Wechsel der Religion ist für viele zur Frage der eigenen Identität geworden. Und wer als junger Mensch einen Beruf begonnen hat, kann nicht sicher sein, dass er längere Zeit in diesem Beruf tätig sein wird. Diese Wahlmöglichkeiten bieten die Herausforderung, sein Leben im »Spinnenbewusstsein« zu erleben, haben aber auch die Gefahr, dass der Angst vor Wechsel, der in bestehenden Traditionen und Autoritäten noch mit – bis zur Aufgabe der Existenz – sanktionierten Konsequenzen beantwortet wird.

Dieser mögliche permanente Wandel ist verbunden mit einer *Schwächung traditioneller Gemeinschaften*, worüber fast alle Institutionen klagen, Parteien, Gewerkschaften, Kirchen, Wohlfahrtsverbände. Die zunehmende Dynamik des Lebenslaufs und der Lebenswelten ist verbunden mit einer *Krise des Zugehörigkeitsgefühls*. Auch das ist wiederum für die einen eine Herausforderung, sich sein Leben selbst zusammenzubasteln, in Mut und Kreativität die eigene Identität zu finden, dem selbstgefundenen Rhythmus zu folgen, für andere die Gefahr, sich nun noch mehr den Institutionen anzuschließen, die diese erfahrbare Lücke durch neuen Dogmatismus und Fundamentalismus füllen. Man lässt sich in diesem Falle seine Identität von anderen vorfertigen, man folgt dem Rhythmus anderer.

Vor allem wir Älteren, die die Erfahrung eines längeren Lebens haben, erlebten die Wandlungsprozesse im eigenen Lebenslauf. Viele haben sich ihnen widersetzt, andere haben sich ausgeliefert gefühlt, wieder andere haben sie als Chance genutzt, zu lernen, im Wandlungsprozess der Gesellschaft selbst zu reifen.

Die Wissenschaft vom Reifen und Altern ist die Gerontologie.

2 Demographischer Wandel und Strukturveränderung des Alterns

Strukturveränderungen des Alterns

1900 (Ältere ab 65 J.)

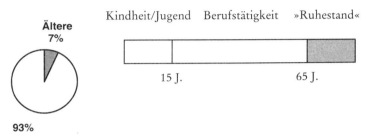

2030 (Ältere ab 55 J.)

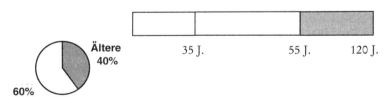

Folie 2

Die Ausgangsfrage hierzu ist: was hat sich in den vergangenen Jahrzehnten verändert? Vor welchem Hintergrund denken wir neu nach über die Begegnung mit Älteren und die Arbeit mit älteren Erwachsenen? Wo liegen die neuen Chancen und Herausforderungen?

Die Strukturveränderungen des Alterns sind in dreifacher Weise von Bedeutung:
- die demographische Veränderung in der Bevölkerung, »alternde Gesellschaften«,
- die Veränderung des Verhältnisses der Generationen zu Arbeit und Freizeit,
- die qualitative Veränderung in der Gruppe der jetzt »Jungen Alten«.

Die demographische Veränderung in der Bevölkerung, »alternde Gesellschaften«

Am Beginn des Jahrhunderts zählte man etwa 7% ältere Erwachsene und alte Menschen. Wir erwarten in den nächsten Jahrzehnten – die Menschen leben ja schon – ca. 40% ältere Erwachsene und alte Menschen. Wie kann man sich eine solche Verschiebung deutlich machen? Stellen wir uns eine Gruppe von dreißig Personen vor, eine Schulklasse, ein Kleinbus, ein Universitätsseminar. Dann befanden sich um die Jahrhundertwende zwei Ältere in der Gruppe. Sie fielen nicht weiter auf, sie saßen oder standen am Rand, während die Mehrzahl der übrigen 28 Jüngeren das Tempo angab. 2030 sind in der zu erwartenden Gruppe der 30 Personen 12 Personen älter als 50/55/60 Jahre. Sie sind keine Randgruppe mehr. Es ist fast die Hälfte. An ihnen kann niemand mehr vorbei. Wohin immer man kommt, in Straßenbahnen, Bussen, Zügen, Schwimmbädern, Hochschulen, sind sie immer schon da und warten. Die Verhältnisse in dieser Gruppe der 30 ändern sich radikal. Der Einfluss der Älteren wächst, sie müssen berücksichtigt werden. Keine Institution – wenn man den gesamtgesellschaftlichen Blickwinkel nimmt –, keine Kirche, Universität, Partei, Gewerkschaft – aber auch kein Kindergarten, keine Schule – kommt lang- und mittelfristig an dieser Teilgruppe vorbei.

Die Veränderung des Verhältnisses der Generationen zu Arbeit und Freizeit

In diesem Punkt stecken zwei Unterpunkte. Da ist zum einen der veränderte Zusammenhang der Generationen. Am Beginn des Jahrhunderts gab es eine kurze Jugendzeit, eine lange Zeit des Erwachsenenlebens, eine kurze Phase des Ruhestandes. Heute gibt es eine lange Jugendphase mit vielen Untergruppierungen – die Adoleszenz wird bis zum 35. Lebensjahr gerechnet – eine kürzere Arbeitsphase und nach dem vorzeitigen Ausscheiden aus dem Erwerbsarbeitsleben durch Frühverrentung, Arbeitslosigkeit, Langzeitarbeitslosigkeit eine lange Phase des »Ruhestandes«. Das biologische Alter des Menschen wird bis zum 120. Lebensjahr als Möglichkeit und biologische Grenze angesehen. Wer also mit 50 Jahren aus dem Erwerbsarbeitsleben ausscheidet oder wessen Kinder bei Familienfrauen mit 50 Jahren aus dem Haus gegangen sind, hat noch eine potentielle Lebenszeit von 70 Jahren vor sich. Natürlich wird nicht jeder so alt, aber immer mehr werden 85, 90 Jahre und dreißig, vierzig Lebensjahre sind ja auch schon ein schöner Gewinn – oder eine furchtbare Zeit des Wartens und der Langeweile.

Die qualitative Veränderung in der Gruppe der jetzt »Jungen Alten«

Die heute Alten haben viel erlebt: Denn es stimmt nicht, dass jeder Mensch automatisch wieder konservativer wird, wenn er älter wird. Gesellschaft und Kultur haben sich verändert, die Bildungswelt war einem Wandel ausgesetzt. Waren früher 12% eines Jahrgangs Abiturienten, sind es jetzt 35%. Fernsehen, die Printmedien tragen zur Verbesserung des Bildungsstandes bei. Es gibt kaum noch jemanden, der nicht seine eigene Diät kennt, sein Gesundheitsverhalten verbessern kann, weil er beim Friseur-, Arzt-, Cafebesuch in den ausliegenden Medien genaue Anweisungen dazu bekommt. Der Weiterbildungsbereich hat sich immens ausgeweitet. Kaum noch jemand arbeitet in einem Beruf, der nicht an Weiterbildungsmaßnahmen teilgenommen hat. Es gibt immer weniger Familienfrauen, die nicht an Kursen oder Tagungen teilgenommen haben. Immer mehr Menschen sind in den letzten Jahrzehnten verreist. Reisen verändert. Mobilität wird zum Lebensmerkmal. Es haben sich

Einstellungen und Verhaltensweisen entwickelt, die noch vor Jahren niemand mit Begriff Älterwerden oder Alter in Verbindung gebracht hat. Oder denken wir an die Mode. Wenn wir von jemandem nur Schuhe und Unterschenkel sehen können, Turnschuhe und Jogginghose, wissen wir nicht, ist es ein Mann oder eine Frau?, ein Jüngerer oder ein Älterer?

Einen entscheidenden Einfluss auf Einstellungen und Verhalten der Älteren haben die Reformjahre der »68 Generation« gehabt. In vielen Nationen kam es im Zusammenhang mit den Studentenrevolten gegen den Vietnamkrieg und mit der sexuellen Revolution zu gravierenden Veränderungen im persönlichen Lebensstil, in politischen und religiösen Einstellungen und im Verhalten in Sexualität und Partnerschaft. Innerhalb der älteren Generationen lassen sich dabei die Jungen Alten und die Alten Alten unterscheiden. Während die um 1920 Geborenen, also die jetzt 80jährigen damals 50 Jahre alt waren und sich durch die damaligen Veränderungen vielfach nicht mehr haben beeinflussen lassen, vielmehr bei ihren Kindern die vermeintlichen Auswüchse der antiautoritären Bewegung negativ beurteilt haben, waren die jetzt 60jährigen damals etwa 30 Jahre alt und standen vor der Frage, sollen wir unser Leben so weiterleben wie bisher oder sollen wir nicht doch die damals gegebenen Möglichkeiten und Freiheiten auch in unserem Leben verwirklichen. Doch lässt sich die Grenze zwischen denen, die sich mehr den Tugenden des Industriezeitalters oder den Werten und Zukunftsahnungen der Postmoderne, Zweiten Moderne mehr zugeneigt fühlen, nicht allein am Alter festmachen.

3 Sozialisation und Lebenslauf
Tertiäre Sozialisation

Primäre, sekundäre, tertiäre Sozialisation

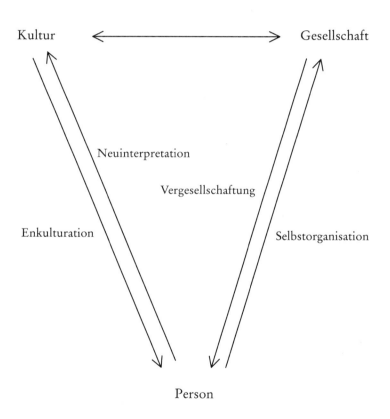

Folie 3

Welche Theorie soll man als Basistheorie für die Geragogik wählen? Sicherlich gelten die gängigen gerontologischen Theorien, so etwa Aktivitätstheorie, Disengagementtheorie, Austausch- und Kompetenztheorie. Aber für lebensbegleitendes Lernen, lebenslange Erziehung mit dem Ziel der Identitätsentfaltung, der Entfaltung menschlicher Kompetenz in einem konkreten Lebenslauf – welche Theorie gibt Orientierung? Soll man überhaupt lernen, und das im Reifungsprozess des Alterns? Eine Blume braucht nicht zu lernen wie sie blühen kann, doch der Mensch muss sein Reifen lernen.

Mich erinnert das immer wieder an den Film »Der Wolfsjunge« von Francois Truffaut. Der Junge, der da im Wald, mit den Tieren wie ein Tier lebt, gefangen wird, lernt, mit Messer und Gabel zu essen, mit Schuhen zu laufen, zu lesen und zu schreiben. Er lernt, Gefühle anzuerkennen, Schmerzen zu haben. »Ich muss ihn zum Schmelzen bringen«, sagt der Lehrer. Der Junge entwickelt sich von einem Wesen, das mit den Tieren lebte und glücklich war, zu einem Mitglied von Kultur und Gesellschaft. Angelegte Möglichkeiten wurden zur Verwirklichung freigegeben. Dieser Lernprozess der Menschwerdung in einer Kultur und Gesellschaft endet nie. Lebenslanges und Lebensbegleitendes Lernen sind notwendig, weil sich die Umwelt ändert und weil wir Menschen auf unserem Reifungsweg durch die Lebensphasen hindurch jeweils neue Entwicklungsaufgaben zu lösen haben.

Die für mich wichtigste Theorie, diese Zusammenhänge zu erklären und zu einer Orientierung zu gelangen, ist die Sozialisationstheorie. Sie erklärt, wie der Mensch zum Mitglied der Gesellschaft wird und wie er Kultur und Gesellschaft wieder beeinflusst (Habermas 1988, S. 102; Veelken 1990, S. 46).

Im Einzelnen lassen sich vier Prozesse unterscheiden:

1. Der Mensch übernimmt Werte, Einstellungen, Verhaltensvorschriften, Sprache, Schrift, Religion, Weltanschauung der jeweiligen Kultur. Dieser Prozess kann Enkulturation genannt werden.
2. Die jeweilige Kultur verdichtet sich in Formen menschlichen Zusammenseins: die Gesellschaft. Die Gesellschaft besteht aus verschiedenen Gruppierungen und Untersystemen: Familien, Kirchen, Schulen, Hochschulen, Parteien, Gewerkschaften, Selbstorganisationen usw. Diese »Sozialisationsagenturen« transportieren die Ele-

mente der Kultur und machen die Menschen zu Mitgliedern von Familien, Schulen, Hochschulen, Kirchen usw.

Dadurch bildet sich menschliche Identität, menschliche Persönlichkeit. Der Mensch übernimmt die Einstellungen anderer – der Soziologe G. H. Mead nennt das das »MICH«, »me« – und formt sich aufgrund eigener Bedürfnisse, Wünsche, Einsichten im »ICH« –, »I« bei Mead, um.

3. Bezogen auf die Kultur, entsteht durch das Aktivwerden des Menschen der Prozess der Neuinterpretation von Kultur. Neue Werte entstehen, neue Ansichten entwickeln sich, die Grundlage Sozialen Wandels ist gelegt.

4. Bezogen auf die Gesellschaft entstehen in Form von Gegensozialisation neue Gruppierungen, Selbsthilfegruppen, Bürgerinitiativen, autonome Gruppen, außerparlamentarische Opposition, in denen sich sozialer Wandel niederschlägt. Die Menschen übernehmen nicht nur bestehende Institutionen und Organisationen, sondern bilden auch neue Gruppierungen, in denen sie sich besser vertreten fühlen.

Für den Umgang mit dem Alter sind zwei Vorurteile kennzeichnend. Zum einen gehen viele davon aus, dass mit der primären Sozialisation in der Kindheit und mit sekundärer Sozialisation in Jugend- und Erwachsenenalter diese Prozesse enden. Ältere sind eigentlich nicht mehr ernst genommen als Mitglieder der Gesellschaft. Am liebsten würde man sie auf Inseln verstecken. Oder man möchte in Bussen, Bahnen, Kinos, Universitäten eine Quotenregelung – an der Universität von etwa 10% – einführen. Das aber ist mit einer gesellschaftlichen Gruppe der zu erwartenden 40% der Bevölkerung nicht zu machen. Es bedarf der Ergänzung von primärer/sekundärer Sozialisation durch die Tertiäre Sozialisation.

Ältere Menschen sind und bleiben weiterhin Mitglieder der Gesellschaft und nehmen an den normalen Prozessen von Sozialisation und Gegensozialisation teil. Und da kommt das zweite Vorurteil zum Vorschein. Es besagt, dass Ältere aufgrund ihres langen Lebens sich beschränken auf die Prozesse – 1. Enkulturation und 2. Vergesellschaftung – und nicht mehr in der Lage gesehen werden, die Prozesse – 3. Neuinterpretation und 4. Gegensozialisation – zu aktivieren.

Das Vorurteil lautet, Ältere sind aufgrund ihres Alters automatisch konservativ, bewahrend, traditionell orientiert. Neues scheint sie nur in Ausnahmefällen zu interessieren.

Tertiäre Sozialisation geht davon aus, dass der Prozess der wechselseitigen Beziehung zwischen Kultur/Gesellschaft und Person auch im Prozess des Alterns nicht beendet ist. Vielmehr ist durch neue Muster im Wachstumsprozess des Alterns ein qualitativer Zuwachs im Vergleich zum Sozialisationsprozess in Kindheit und Jugendalter möglich. Tertiäre Sozialisation bildet die Grundlage dafür, den Prozess der Anpassung an wechselnde Verhältnisse und den der aktiven Beeinflussung des Kontextes zu erklären. Es geht dabei darum, den jeweiligen Prozess gesellschaftlichen Wandels zu verstehen und auf der jeweiligen Stufe der Entwicklungsaufgabe im Lebenslauf nachzuvollziehen. Die Erfahrung der Vergangenheit, die eine Erfahrung des Wandels ist, macht es dem älteren Menschen möglich, im Alter ein Zukunftsbewusstsein zu entwickeln, wenn der Ältere bereit ist, sich weiterhin Veränderungsprozessen und Wandlungsvorgängen auszusetzen, das heißt, zu lernen.

Die Theorie Tertiärer Sozialisation geht davon aus, dass auch im Alternsprozess menschliche Lebenswelt sich aus drei miteinander vernetzten Komponenten gebildet hat: Kultur als dem Wissensvorrat, aus dem man sich mit Interpretationen versorgt, verkörpert durch Technologien, Gebrauchsgegenstände, Worte, Theorien, Bücher, Dokumente, Handlungen; Gesellschaft als vorgegebene Ordnung, über die sich Zugehörigkeit zu sozialen Gruppen regelt und Solidarität gesichert ist, verkörpert in institutionellen Ordnungen, Rechtsnormen, normativ geregelten Praktiken und Gebräuchen, die in Systemen, Institutionen und Gruppen, vorgefunden werden; Persönlichkeit, die sich entwickelt, Identität, die sich entfaltet, verkörpert in menschlichen Lebewesen.

Die drei Komponenten sind dynamisch-prozesshaft miteinander verbunden, sie befinden sich in permanenter Bewegung und entwickeln und wandeln sich je nach Entwicklungsgrad der Gesellschaft mehr oder weniger schnell. In diesem Prozess wechselseitiger Verschränkung ist Bildung ein notwendiger Bestandteil des Sozialisationsprozesses, da durch Lernen die Verbindung zwischen zwei Elementen hergestellt wird. Lernen ermöglicht einerseits die Übernahme jeweils wechselnder, sich verändernder kultureller Überlieferung und die Koordinationsleistungen, um Mitglied der Gesellschaft zu werden und zu bleiben und schafft andererseits das Potential, Kultur zu verändern und durch Selbstorganisation und Gegensozialisation auf gesellschaftliche Entwicklung Einfluss zu nehmen.

Will man den alten und älteren Menschen nicht aus dem Lebensweltzusammenhang herausnehmen, hat Bildung im Alter die Aufgabe, die Transferprozesse zwischen einer sich ändernden Kultur und einer sich wandelnden Gesellschaft und einem sich im Lebenslauf entfaltenden Individuum herzustellen.

4 Die Binnenstruktur der Identität

Binnenstruktur der Identität

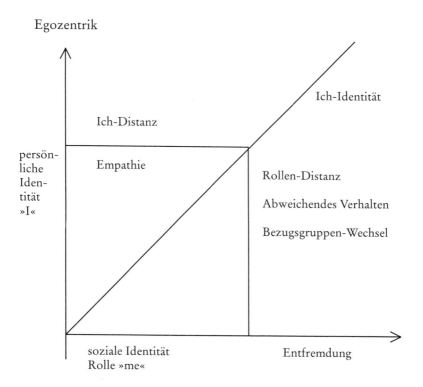

Folie 4

Wie entsteht denn nun die Identität im Wechselspiel der verschiedenen Elemente des Sozialisationsprozesses? Die Soziologie beschreibt diesen Vorgang mit den Begriffen Soziale Identität und Persönliche Identität. Soziale Identität ist das, was andere aus uns gemacht haben, wo wir die Erwartungen anderer übernommen haben, wo wir etwas getan haben, um den Wünschen anderer zu entsprechen. Soziale Identität zeigt sich in den Rollen, die wir im Leben spielen: Tochterrolle, Sohnrolle, Mutterrolle, Vaterrolle, Schülerrolle, Rentnerrolle, Krankenrolle usw. Das allein sind wir aber nicht. Wir haben nicht nur die Erwartungen anderer als Grundlage für unsere Entscheidungen, sondern auch eigene Wünsche, Bedürfnisse, Forderungen. Wir nennen das die persönliche Identität. Der Sozialpsychologe G. H. Mead beschreibt das mit den Begriffen »me«, »mich« und »I«, »Ich«. Im »me« treffen die Erwartungen anderer auf uns, die wir im »I« umformen zu unserer eigenen Identität. Dazu ein Beispiel:

Da ist eine Studentin, die Diplom-Pädagogik studiert. Im Studienplan muss sie an einer bestimmten Anzahl soziologischer Veranstaltungen teilnehmen. Das ist die vorgegebene Erwartung der Universität, die im »mich« ihr begegnet. Welche Veranstaltungen sie besucht, ist aber in der Regel nicht vorgegeben. Hier kann sie nach eigenen Wünschen – dem »Ich« – sich den Stundenplan zusammenstellen.

Vielfach liegen die beiden Ebenen, die zwei Dimensionen der Identität im Kampf miteinander. Das, was die Erwartungen anderer sind, ist nicht mein Wunsch. Ich muss beide miteinander in Einklang, in eine Balance, in ein fließendes, erkämpftes Gleichgewicht bringen. Dies geschieht auf dreifachem Wege.

Ich schaffe mir einen Ellenbogenraum zu den Erwartungen anderer, ich entwickle eine Rollendistanz. Wenn das nicht genügt, übe ich abweichendes Verhalten. Um mir selbst zu entsprechen, weiche ich von den Erwartungen anderer ab. Ich interpretiere Werte, Anforderungen neu und finde für mich einen Weg des Lebens. Vielfach ist das mit Sanktionen, Benachteiligungen durch die herrschende Gruppe, von deren Erwartungen ich mich abweichend verhalte, verbunden. In manchen Fällen ist der Bezugsgruppenwechsel die Konsequenz: Exil, Austritt, Beziehungsende, Studien- und Berufswechsel. Ich muss mich entscheiden zwischen den Erwartungen anderer und dem, was ich mir unter meinem eigenen Leben vorstelle. – In unserem Schema der Sozialisation sind dies die Dimensionen Neuinterpretation von Kultur und Selbstorganisation, Gegensozialisation in der Gesellschaft. – Wenn Rollendistanz, abweichendes Verhalten und Bezugsgruppenwechsel geübt werden, entgehen wir dem Zustand der Entfremdung, bei dem wir nicht mehr wir selbst sind, sondern Funktionäre einer Institution, deren Erwartungen wir voll und ganz erfüllen. – Das entspricht der Ethik »Arbeiten und Dienen« der Industriegesellschaft. Der Gegenpol ist nun nicht, wie oft befürchtet, Egomanie, Egozentrik. Auch das wäre keine ausbalancierte Identität, weil die soziale Identität nicht mehr Teil meiner Identität wäre. Vielmehr geht es um ein Verhalten, das einfühlsam bleibt für die Erwartungen anderer, sich vom Ego distanziert – Ichdistanz übt – und so dem Einzelnen die Gruppenfähigkeit ermöglicht.

5 Identität und Sozialer Wandel

Moderne – 2. Moderne – Post-Moderne – Modernisierungsprozess

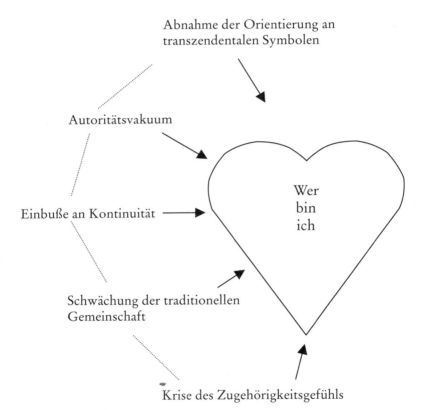

Folie 5

In vormodernen Zeiten waren die Systeme Kultur und Gesellschaft auf längere Zeit hin stabil. Veränderungen waren erst in Abständen von hundert oder tausend Jahren bemerkbar. In der Moderne, Postmoderne, zweiten Moderne – wie immer Soziologen unsere Zeitepoche benennen –, ist ein sehr schneller dynamischer Wandel auf den Ebenen von Kultur und Gesellschaft feststellbar.

Dabei können drei Mechanismen unterschieden werden:
- Subjektivierung: Seit dem Mittelalter – viele meinen, seit den Anfängen des Christentums –, löst sich der Mensch mehr und mehr aus den Gruppen, Clans, Sippen, die ihn umgeben. Immer mehr erkennt er sich selbst. »Ich denke also bin ich«, so Descartes. In der Philosophie der Romantik und des beginnenden Aufklärungszeitalters wird die Einzelidentität des Menschen immer mehr betont, begleitet von den entsprechenden Revolutionen – etwa in Frankreich 1796, abgeschwächt 1848 in Deutschland – und dem Beginn des Bürgertums sowie den Emanzipationsbewegungen – Schwarze, Jugend, Frauen, Schwule, Behinderte. Das Individuum wird sich seiner selbst immer mehr bewusst, was dann in der Humanistischen Psychologie und der modernen Psychotherapie seinen Niederschlag findet.
- Pluralismus: Einhergehend mit dem neuen Bewusstsein des Individuums entstehen eine Vielzahl von Meinungen, Werten, Weltanschauungen – die Reformation ist eine dieser Bewegungen – mit entsprechenden neuen Gruppierungen und Systemen. Der Mensch ist nicht mehr nur in eine soziale Umwelt eingebunden, sondern eine Vielfalt von Systemen stehen ihm zur Verfügung und Wahl.
- Säkularisierung: Waren im Mittelalter noch Kirche und Religion die entscheidende Macht, die die Werte und Verhaltensweisen des Menschen bestimmte und steuerte, sagt sich der moderne Mensch immer mehr von der Bestimmung durch die Kirche los. Die Kirchen verlieren ihren großen Einfluss, ihre Macht. Die Trennung von Kirche und Staat wird in vielen Staaten vollzogen.

Diese drei Mechanismen führten nun dazu, dass die Lebenswelt des Menschen sich veränderte. Hannah Arendt hat beschrieben, wie die drei großen Lenkungsmechanismen Autorität – du hast das zu tun, weil ich es dir sage – Tradition – du hast das zu tun, weil es immer so getan wurde – und Institution – du hast das zu tun, weil du Mitglied meiner

Gruppe bist – immer mehr ihren Einfluss verloren und – bis hin zur antiautoritären Bewegung in den 60/70er Jahren – hinterfragt wurden.

Vor vierzig Jahren nennt der Soziologe Ralf Behrendt fünf Konsequenzen, die sich daraus ergeben:
- Abnahme der Orientierung an transzendentalen Symbolen
- Autoritätsvakuum
- Einbuße an Kontinuität
- Schwächung traditioneller Gemeinschaften
- Krise des Zugehörigkeitsgefühls. (Behrendt 1962, s. Veelken 1990)

Innerhalb dieser 40 Jahre ist die Entwicklung weitergeschritten und von der modernen Soziologie verschiedentlich analysiert und beschrieben worden. Ich will versuchen, die Hauptstränge aufzuzeigen und miteinander in Zusammenhang zu bringen.

Abnahme der Orientierung an transzendentalen Symbolen

Tages- und Lebenslauf werden nicht mehr wie früher von religiösen Riten begleitet. Religion wird nicht mehr erlebt als eine Abfolge von Regeln, die das Leben bestimmen. Science-fiction-Visionen wurden Wirklichkeit, die Welt schrumpfte auf die erkennbare und erforschbare Welt zusammen. Mittler, Priester scheinen immer weniger gebraucht zu werden, da der Mensch selbst zu den Wesensgründen vordringen will. Gleichzeitig begeben sich mehr und mehr Menschen auf die Suche nach neuen Transzendenzerfahrungen, wobei sie die für sie wesentlichen Elemente der großen Religionen sich neu in je neuer Mischung zusammenstellen.

Autoritätsvakuum

Durch den vielfachen Missbrauch von Autorität und Hierarchie werden Autoritäten hinterfragt, die einerseits mit einem »Zurück« zu alten Autoritäten in Staat, Familie, Kirche und im Bildungswesen beantwortet wird, aber auch mit der Entwicklung neuer »identitätsverbürgender Deutungssysteme« (Habermas), neuen Formen von Solidarisierung verbunden ist.

Einbuße an Kontinuität

Die Welt, die Gefahren aus Umweltverschmutzung, Atomenergie, neuen Krankheiten, das Erlebnis der wachsenden räumlichen Veränderung durch Reisen im Zeichen der »Globalisierung« haben das Bewusstsein eines »ewig« Bestehenden zu der Bewusstseinsveränderung gewandelt: »Das einzig Bestehende ist der Wandel.« Neue Formen beruflicher Werdegänge, neue Modelle in Partnerschaft und Beziehungen entstehen, neue Lebensstile entwickeln sich, die von Individualisierung und Pluralisierung der Lebenswelten geprägt sind.

Schwächung traditioneller Gemeinschaften

Das Leben war organisiert in festen, teils starren Gruppierungen und Institutionen, die heute alle über Mitgliederschwund klagen. Die teilweise Auflösung der Struktur traditioneller Gemeinschaften wird beantwortet einerseits durch das Entstehen neuer Institutionen, durch Fundamentalismus, durch neue Formen eines Ethnozentrismus und einem falschen Nationalbewusstsein, andererseits durch Entwicklung neuer Bewegungen, Netzwerke, Wahlverwandtschaften.

Krise des Zugehörigkeitsgefühls

Mit der Schwächung traditionaler Institutionen ist eine Veränderung im Zugehörigkeitsgefühl verbunden. Zugehörigkeit bedeutete Geborgenheit, Sicherheit. In Zeiten von Wandel und Dynamik verändern sich Zugehörigkeiten. Auch hier: einerseits ein »Zurück« zu alten Sicherheiten in vorgegebenen Strukturen, andererseits die Entwicklung neuer solidarischer Gemeinschaftsformen, kleiner Vereine, Wohngemeinschaften, selbstgewählter Zugehörigkeiten.

6 Identität und Modernisierungsprozess

Modernisierungsprozess

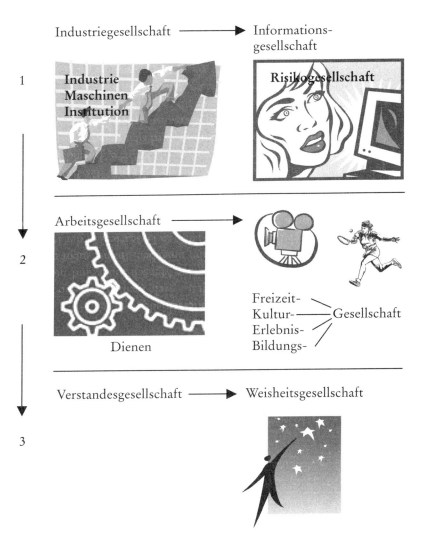

Folie 6

Grundsätzlich werden zwei verschiedene Aspekte unterschieden: Sozialer Wandel und Modernisierungsprozess sind gekennzeichnet durch die funktionale Differenzierung des gesellschaftlichen Systems – immer mehr Subsysteme, Untergruppen, Wahlmöglichkeiten stehen zur Verfügung, der Mensch ist zunehmend Mitglied in einer fast unübersehbaren Fülle von Institutionen, eine Pluralisierung der Lebenswelten ist feststellbar – und durch die Enttraditionalisierung der Lebenswelt, verbunden mit einer zunehmenden Emanzipation aus vorgegebenen Abhängigkeiten.

Im Einzelnen unterscheide ich sechs Elemente von Übergängen:

1. Die Älteren von uns sind aufgewachsen in der Industriegesellschaft. Kennzeichen waren riesige Hallen, Maschinen, Tausende von Arbeitern. Ich selbst habe das in Erinnerung aus der Zeit meiner Tätigkeit als Werkstudent bei einer bayrischen Automobilfirma. Dieses Bild riesiger Hallen und Menschenmassen war gleichzeitig Kennzeichen der Gesellschaft. Große Institutionen, die wie in riesigen Werkshallen für die Sicherheit der Menschen arbeiteten: Kirchen, Hochschulen, Gewerkschaften, Parteien, Massenvereine. Der Einzelne lieferte seine Kraft und Energie ab und bekam dafür Sicherheit und Ordnung. Das Leben war durch die Institutionen – wie die Arbeit am Fließband – vorgezeichnet und geregelt.

2. Kennzeichen dieser Arbeitsgesellschaft waren Arbeit und Dienen, bis hin zu: »Arbeit macht frei«. Wie hieß es doch, »Erst die Arbeit, dann das Vergnügen. Erst die Schularbeiten, dann das Spiel. Das Leben ist nicht zum Vergnügen da. Was Hänschen nicht lernt, lernt Hans nimmer mehr.« Diese Werte wurden auf dem Wege der Sozialisation von den meisten Gesellschaftsmitgliedern verinnerlicht und waren der Bestandteil der Ethik einer Epoche.

3. Der Verstand stand an der Spitze der Steuerungsmechanismen, wie hatte es doch die Wissenschaft so herrlich weit gebracht: Mond, Mars, das Innere der Erde, die Welt der Atome – all das waren keine Fremdwelten mehr. Der menschliche Verstand setzte an zur Eroberung des Universums: Und dieser Verstand war in der Regel männlich.

4. Wir erleben heute eine andere Entwicklung. Eine ältere Frau auf einer Tagung in Luxemburg, die als junges Mädchen in Dortmund gelebt hatte, fragte vor Jahren: Kann man in Dortmund inzwischen die

Wäsche auf der Leine draußen aufhängen? Ich konnte sie beruhigen. Man kann. Die Zechen sind stillgelegt. Vereinzelt arbeitet hier und da noch ein Stahlwerk: Dafür entsteht eine »neue Stadt« jenseits der Universität, das Technologiezentrum, der Technologiepark. Kennzeichen heute sind nicht mehr riesige Fabrikhallen, Maschinen und Institutionen. Statt tausender Menschen arbeiten dort Roboter und Computer. Der Einzelne sitzt vor dem Computer, allein, und hat über Datenautobahn, mit Mailen, Surfen, Chatten Kontakt mit der ganzen Welt, ob Buchinformationen aus der Universitätsbibliothek aus Johannesburg oder Literaturhinweise aus New York, Aufsatzsammlungen aus Delhi oder Hinweise über Kunstwerke in Berlin: alles steht ihm zur Verfügung, und nicht nur Wissenschaft, Kleider, Schuhe, Geldinformationen, Pornomaterial. Er muss nur wählen. Und hier beginnt die Schwierigkeit. Was die Soziologie mit *Risikogesellschaft* und deren Kennzeichen Individualisierung und Pluralisierung der Lebenswelten benennt (Beck) – eine Fortsetzung der Prozesse von Subjektivierung, Pluralisierung und Säkularisierung –, ist für den Einzelnen mit dem Problem verbunden, sich immer wieder neu, von morgens bis abends, im Sommer und im Winter, ob katholisch oder evangelisch, jung oder alt, entscheiden müssen. Er ist zur Freiheit verurteilt. Diese Freiheit scheint gesellschaftlich verordnet.

5. Und was macht er mit seiner Zeit? Verändert durch Arbeitszeitverkürzung, vorzeitigem Ruhestand, Arbeitslosigkeit, Teilzeitarbeit, Kurzzeitverträge? Ganz einfach: Er macht Freizeit: *Freizeitgesellschaft*; er lernt und bildet sich: *Bildungsgesellschaft*; er treibt Funsportarten, Bungeejumping, roller-skates, inline skates, Snowboarding. Er will etwas erleben, immer mehr erleben, immer Neues erleben und dazu immer Spaß haben: Funmobils, Funreisen, Funflüge, Funfrühstück: *Erlebnisgesellschaft*. Arbeit und Nichtarbeit müssen Spaß machen. Auch die ehrenamtliche Arbeit muss Spaß machen. *Spaßgesellschaft* ist verbunden mit der Chance zu Selbstmotivation, Selbstdisziplin, Engagement. Dieser Prozess ist nicht mehr zurückzudrehen. Es gibt keine Devolution, das Rad dreht sich nicht zurück. Es gibt nur eine Evolution, den Weg nach vorn, die Zukunft.

6. Und was ist mit dem Verstand, mit dem wir es doch so weit gebracht haben? Die Grenzen des Wachstums werden sichtbar. Wasser, Ge-

müse, Fleisch, es wir immer ungenießbarer. Bei Sonnenschein soll man sich nicht mehr so viel draußen aufhalten, schon gar nicht anstrengen. Viele haben ihr gefiltertes Wasser oder das Quellwasser immer schon bei sich. Ein Umdenken findet statt. Statt Rationalität: Manager lernten früher Kalkulation und Finanzregulierungen – Intuition: sie genießen Erlebniswochen mit Farben, Tönen, neuer Körpererfahrungen wie Feuerlaufen u. a. auf den Kanarischen Inseln. Nicht mehr der schnelle Verstand ist allein gefragt, sondern das zusammenhangerkennende Verstehen, das Nachdenken, die Kontemplation. Neue Formen der Leiberfahrung werden immer weiter verbreitet: Tai Chi, Autogenes Training, Kinesiologie, Fünf Tibeter, Meditation, Chi Gong, Tao, Yoga – an den meisten Volkshochschulen verbreitete Angebote. Das Bewusstsein wächst, dass das Bewusstsein sich erweitert: eine Suche nach Außerirdischen, Weltendebewältigungen, Krisenmanagement im kosmischen Maßstab, der Krieg der Sterne wird zur Alltagserfahrung: »Gatacca«, »Orion«, »Armageddon«, »Der Herr der Ringe«, werden Filme mit Massenbesuch. Die Erlebnisgesellschaft wird ergänzt, erweitert sich, führt in die *Weisheitsgesellschaft* (Wilber). Die Fragen nach Sinn und Ziel des Lebens, nach zukunftsweisenden neuen Werten im derzeitigen globalen Wertewandel, werden mehr und mehr gestellt.

Und inmitten dieser Prozesse leben die Jungen, die das als ganz Neues erleben, und die Alten, die entweder sich nicht mehr auskennen und alles Neue – wie sie das immer schon getan haben – verteufeln und zurückschrauben möchten. Oder die anderen, die innehalten, umdenken, ihre Erfahrungen nutzen, um Zukunftsgefühle zu spüren, sich aufgrund ihrer langen und tiefen Erlebnisse mit der Frage zu beschäftigen, wohin führt das alles, was ist der Sinn und was ist mein Teil daran, meine eigene Lebensaufgabe in dieser »Zwischenzeit« (Houston).

Auf der soziokulturellen Ebene haben in den letzten Jahrzehnten dynamische Veränderungen stattgefunden, die sich auf die Elemente Kultur und Gesellschaft in unserem Sozialisationsmodell beziehen.

Wie sieht es nun aber aus auf der Ebene der Entfaltung der Identität, der Entwicklung der Persönlichkeit, die ja von diesem soziokulturellen Wandlungsprozess beeinflusst werden?

7 Identitätsentfaltung im Lebenslauf

Identitätsentfaltung nach Erikson

Krise nach Erikson = Gefahr und Chance

1. Urvertrauen gegen Urmisstrauen (Säuglingsalter)
2. Autonomie gegen Scham und Zweifel (Kleinkindalter)
3. Initiative gegen Schuldgefühl (Spielalter)
4. Werksinn gegen Minderwertigkeitsgefühl (Schulalter)
5. Identität gegen Identitätsdiffusion (Adoleszenz)
6. Intimität gegen Isolierung (Frühes Erwachsenenalter)
7. Generativität gegen Stagnation (Erwachsenenalter)
8. Integralität gegen Verzweiflung (Ältere Erwachsene)

Folie 7

Unsere Zeit, wie aufgezeigt, ist gekennzeichnet durch verschiedene Entwicklungen, die darauf hinweisen, dass wir in einer Übergangszeit, in einer »Zwischenzeit« (Houston) leben, auf dem Wege zu einem neuen Zeitalter und einer neuen Kultur. Die Menschheit tastet nach einem neuen Denkmodell, einer neuen Philosophie, einem neuen Paradigma, nach einem neuen Bewusstsein.

Unsere Zeit ist gekennzeichnet durch globale Bedrohungen, wie Hunger in der Welt, Überbevölkerung, Erschöpfung der Ressourcen, Verschmutzung der Umwelt, Klimaveränderungen und drohende Flutkatastrophe, Erdbeben, Kernenergie und Atomwaffen.

Diese Wandlungen – und nicht nur kleine gesellschaftliche Veränderungen – können als Transformation benannt werden, in der sich die Erde zu einer neuen Dimension entwickelt. Kinder wachsen auf mit Ufos, Begegnungen mit Außerirdischen, interplanetaren Reisemöglichkeiten. Ein wachsendes spirituelles Bewusstsein entwickelt sich. Dabei ist nach Ken Wilber das drängendste Problem die Frage, wie die Tradition der vergangenen Jahrhunderte, der Rationalität, der Aufklärung, mit einer echten Spiritualität verbunden werden kann.

Eingebettet in die moderne Kultur, die von Individualisierung und Pluralisierung der Lebenswelten geprägt ist, die aus Patchworkgruppierungen – Patchworkfamilien, Patchworkbiographien, Patchworkbeziehungen – besteht, entwickelt sich menschliche Identität, deren Bewusstsein sehr durchbrochen, in Frage stellend, vielfach als Nichtidentität erlebt wird.

Dennoch gibt es einen Wachstumsplan der Entfaltung der Identität, der Antworten auf die Frage »Wer bin ich« heute geben kann.

In den folgenden Überlegungen und Gedanken gehe ich davon aus, dass Identität eine Quelle der Energie ist. Ich folge dem System von Erik H. Erikson. Wie gesagt, bevor wir uns Gedanken darüber machen, wie im Modernisierungsprozess eine Identität sich entfalten kann, muss erst einmal geklärt werden und in einem zusammenhängenden System dargestellt werden, wie das Wachstum der Identität geschieht.

Erikson bezeichnet die Grundqualitäten, »die einen jungen Menschen qualifizieren, sich in den Generationenzyklus einzureihen – und einen Erwachsenen, ihn zum Abschluss zu bringen« als Kraft (Erikson 1988, S. 70). Im englischen Originaltext benutzt er den Begriff »strengths« (Erikson 1982, S. 55), was Kraft, Stärke bedeutet. Die im Deutschen gebräuchlichste Übersetzung als »Tugend« ist irreführend. Zwar benutzt Erikson den Begriff »virtue«. Doch meint er damit etwas, das mit Kraft, Energie, Stärke zusammenhängt. In Eriksons Terminologie hat demnach Identität etwas zu tun mit Energie, Geist und Seele. Sie hat im Ansatz eine spirituelle Dimension.

Auch auf der Ebene der Entwicklung der Persönlichkeit ist mit stetigen Veränderungen zu rechnen. Menschlichem Wachstum liegt wie allen lebendigen Organismen ein Wachstumsplan zugrunde, der zwar in der jeweiligen Lebensgeschichte jeweils anders aussieht, aber einem gemeinsamen Prinzip folgt, dem, wie Erik H. Erikson herausgearbeitet hat, »epigenetischen Prinzip«. Wenn man einen Gummibaum vor sich hat, kann der Fachmann beschreiben, wie er gewachsen ist und wie er bei normalen ökologischen Verhältnissen weiter wachsen wird. Ähnlich ist es beim Menschen. Wir können beschreiben, wie die Lebensphasen aussehen und wie sie aufeinander folgen. Erikson hat in jahrelanger Beobachtung folgendes Muster erkannt: es gibt acht Phasen, die sich auseinander entwickeln, die aufeinander folgen und die – im Modell der wissenschaftlichen Landkarte, die Realität sieht immer konkreter aus – aufgezeigt werden können.

1. Das geborene Kind liegt scheinbar hilflos in seinem Bettchen. Es ist darauf angewiesen, dass eine Bezugsperson – meist die Mutter – ihm Nahrung gibt, Wärme, Berührung, Kontakt, Körperkontakt, Säuberung usw. Wenn es Schmerzen hat, schreit es. Durch den ungestörten Kontakt mit der Bezugsperson entwickelt sich im ersten Lebensjahr so etwas wie ein Urvertrauen: Wenn ich etwas brauche, ist jemand da, der es mir gibt. Wenn ich in Not bin, kommt jemand und hilft. Wenn aus irgendwelchen Gründen das nicht der Fall ist, wenn das Kind erlebt, dass es allein gelassen wird mit seinen Schmerzen, mit Hunger und Durst, niemand kommt, wenn das Kind schreit, entwickelt sich so etwas wie ein grundlegendes Misstrauen zur Umwelt und Welt, wenn es erlebt, mir hilft niemand. Ich werde alleingelassen. Ich traue niemandem über den Weg. Alle wollen mir was. Nur wenn das Vertrauen sich entwickeln kann, entsteht Urenergie, die in diesem Lebensalter zu gewinnende Urkraft Hoffnung. Ich lebe aus dem Prinzip Hoffnung, jeden Morgen geht die Sonne auf.
2. Das Kind beginnt, sich mehr und mehr zu bewegen, es krabbelt hierhin und dahin, es zieht sich am Bettchen hoch und auf einmal

kann es stehen. Ich stehe auf meinen eigenen Füßen: Autonomie, Selbststand, Selbstständigkeit. Ich bin darauf angewiesen, dass andere mir sagen, das machst du gut. Du wirst schon nicht fallen, probier es immer wieder. Steh auf deinen eigenen Beinen! Wenn nicht, wenn immer jemand da ist, der ruft: Vorsicht, du fällst gleich um, setz dich lieber wieder hin, probiers nicht noch einmal, warte, bis du größer geworden bist, entwickelt sich eine Grundform von Zweifel: ich kann nicht allein stehen, ich habe keinen Selbststand, keine Autonomie. Und dieser Zweifel begleitet mich mein ganzes weiteres Leben, ob ich einen roten oder blauen Pullover kaufen soll, ob ich S. oder Y. heiraten soll, ob ich überhaupt heiraten soll. Es fehlt die in diesem Alter zu gewinnende Energie Wille – das meint nicht egozentrisches Herrschergebaren, sondern Willens Sein.

3. Das Kind beginnt zu laufen, es läuft in diese Ecke, in die andere, von einem Zimmer ins andere, es entdeckt die zielgerichtete Bewegung. Dabei entwickelt sich die Urenergie Zielstrebigkeit. Ich kann selbständig voller Hoffnung auf ein Ziel zugehen. Der Weg zu dieser Energiequelle ist die Initiative. Ich bestimme die Richtung und gehe los, ich ergreife einen Plan und fange an, ich träume von einer Idee und setze sie in die Praxis um. – Hier ist vor allem der Vater gefragt, der zum Mut auffordert, Wagniserprobung fördert. – Das kann nicht gelingen, wenn bei jedem Schritt jemand ruft: Vorsicht, tu's nicht, mach etwas anderes, was du da getan hast ist dumm, böse, du du!!, tu das nicht noch einmal: Es entwickelt sich ein grundlegendes Schuldgefühl. Bei allem was ich tue ist nicht nur der Zweifel da, ob es wohl richtig war, sondern das Gefühl, schuldig geworden zu sein. Ich kann machen was ich will, es ist immer falsch.

4. Mit vier Jahren will das Kind lernen. In den meisten Kulturen beginnt das Schulalter. Es will etwas anfertigen, machen, etwas schaffen. Und wenn es das dann sieht, wenn andere ihm sagen, das ist aber schön, das hast du aber toll gemacht, entwickelt sich das Gefühl, etwas geleistet zu haben. Die Energie ist Tüchtigkeit, Kompetenz: Ich weiß, ich kann etwas, ich bin etwas wert. Die anderen erkennen mich an. Wenn nicht, Pech gehabt, wenn das Kind immer heruntergeputzt wird, immer das Gefühl bekommt, der Letzte zu sein, entwickelt sich nicht das Gespür von Leistung, sondern das

Gefühl, minderwertig zu sein. Die Entwicklungsaufgabe lautet Leistung gegen Minderwertigkeitsgefühl.
5. Das Kind wird zum Jugendlichen, es wächst in eine neue Lebensphase mit all den oft beschriebenen Merkmalen der Pubertät. Mit einem Mal scheint alles in Frage gestellt, alles verändert sich, der Körper, die Umwelt wird anders wahrgenommen. Und es entsteht – vielleicht in dieser Form zum ersten Mal – die Frage: Wer bin ich eigentlich? Identität ist die Entwicklungsaufgabe dieses Lebensalters, zu wissen, wer man ist und das in den Augen derjenigen, die einem wichtig sind, auch anerkannt zu sehen. Der Jugendliche sucht die Gruppe Gleichaltriger, um von ihnen seine Identität zugesprochen zu bekommen. Es entsteht die Urenergie Solidarität. Wer da allein gelassen wird, wer, weil er immer der Letzte war, keinen Anschluss an die Gruppe bekommt, bei dem kann sich das Gefühl der Identitätsverwirrung entwickeln. Ich weiß nicht, wer ich bin, ich habe keine Freundinnen und Freunde, was immer ich anfange, es wird von niemandem anerkannt, am besten bleibe ich morgens im Bett liegen. Wie heißt es in einem sizilianischen Sprichwort: »Wer allein spielt, verliert nie« – wir würden ergänzen, »der bekommt aber auch keine Identität«.
6. Der Jugendliche entdeckt, dass in der Gruppe ihm einige besser gefallen als andere. Bei einigen spürt er sein sexuelles Verlangen, aber auch den Wunsch, im Gespräch, im gemeinsamen Tun, eins zu werden. Intimität bedeutet, ohne Angst vor Nähe, Offenheit, Nähe und Zärtlichkeit zu erfahren, einzuüben, zuzulassen. Denn auf diesem Weg entfaltet sich die Urenergie Liebe. Natürlich hat auch das Kind schon geliebt, die Mutter, den Vater, die Geschwister, aber dieser Weg zur Liebe ist noch ein anderer. Viele schrecken davor zurück, trauen sich nicht, bleiben allein. Isolierung ist die Konsequenz. Isolierung muss nicht bedeuten, ich habe keine »Intim-Beziehungen«. Aber diese Beziehungen fördern nicht Offenheit, Nähe, Zärtlichkeit, wirkliche Intimität.
7. Der Weg des Menschen geht weiter. Die Gruppe der Liebenden öffnet sich wieder, sie wächst. In vielen Fällen wird sie durch Kinder erweitert. Eine neue Entwicklungsaufgabe entsteht: Engagement, Kreativität, Produktivität, »Generativität« bei Erikson, empowerment. Die Kraft besteht in der Teilhabe, dem »take care«, der Sorge

für etwas: die Familie, die Freunde, den Beruf, die Allgemeinheit, die ArbeitskollegInnen. Der Mensch wächst in die Gesellschaft hinein. Wer da nicht mitmacht, wer sich wieder abkapselt, seine Kreativität versteckt, sein Engagement nicht auslebt, bleibt stehen: Stagnation, Stillstand, bei Erikson: Generativität gegen Stagnation. Nach Erikson dauert diese Phase bis zum 75. Lebensjahr. Er wurde vor Jahren gefragt, ob er nicht noch eine andere Phase einführen würde, eine neue Entwicklungsaufgabe, das hat er verneint. Dennoch scheint hier etwas zu fehlen, der Weg zur letzten Entwicklungsaufgabe geht zu abrupt vor sich.
8. Weisheit ist die Energiequelle, um die Erfahrungen eines langen gelebten Lebens für die Gestaltung der Zukunft nutzbar zu machen. Der Weg wird als Integralität, Ganzheit beschrieben. Der Mensch weiß, er ist noch da, aber in dieser Form wird es nicht weitergehen, Körper, Geist und Seele werden sich wieder trennen. Dieser Vorgang ist nicht rückgängig zu machen. Niemand wird wieder 21 Jahre alt, auch wenn er es sich wünschen würde. Der Körper altert. Wer dabei nur den Körper sieht, kann verzweifeln, wer nicht das Wachstum auf anderen Ebenen–Gefühl, Lebensmut, Denken, Spiritualität – sieht, anerkennt und fördert. Die Entwicklungsaufgabe lautet: Integralität gegen Verzweiflung.

Das aufgezeigte Grundmuster ist kulturabhängig in seiner Realisation und Konkretisierung. Die Frage heute lautet, kann Identität mit Zukunftskompetenz verbunden werden, da die Gesellschaft immer weniger in der Lage ist, aus der Vergangenheit Antworten für die Zukunft zu geben. Denn viele Entscheidungen, die früher dem einzelnen abgenommen wurden, welche Schule besucht wird, welchen Beruf man wählt, welche Beziehung wie lange eingegangen wird, ob man heiratet, Kinder bekommen will, wann man den Beruf wechselt, wann man aus dem Erwerbsarbeitsleben ausscheidet, sind heute mehr und mehr dem einzelnen überlassen. Das Leben läuft nicht mehr wie auf vorgefertigten Bahnen, vorgegebene Lebenspläne und Normalbiographien lösen sich mehr und mehr auf (vgl. Veelken 2001). Der einzelne hat mit diesem »Patchworksystem« zwar größere Entscheidungsfreiheit, kann lernen, sein eigenes Handlungszentrum, sein Planungsbüro zu entwickeln und zu gestalten, die eigene Lebensgeschichte selbst mitzubestimmen. Doch diese Entscheidungsfreiheit kann Angst machen, kann verbunden sein mit dem Wunsch nach vorgegebener Orientierung, nach Klarheit, Einfachheit, vorgegebener Identität.

Dieses Gefühl kann zu regressiven Antworten führen, Flucht aus der Realität, neues Verhaftetsein in vermeintlichen Sicherheiten von Dogmen und Fundamentalismen. Der andere Weg wird als Herausforderung und Chance begriffen. Das »Patchworksystem« wird als ökologische Nische genutzt, in der die eigene Lebenswelt aufgebaut wird. Das setzt voraus die Gründung von Netzwerken, »Genossenschaften«, Wahlverwandtschaften, in denen der einzelne mit anderen zum Initiator und Manager des eigenen Beziehungsnetzes wird. Regeln, Normen, Werte, die eigene Identität, die eigene Lebenswelt muss neu ausgehandelt werden.

8 Aspekte westlicher und fernöstlicher Lebenslauftheorien

Lebenslauftheorien

Identität
Empowerment
Kraftquellen

Kindheit	0		Hoffnung Wille Zielstrebigkeit	
				+ Bramcharya
Jugend	25		Kompetenz Solidarität Liebe	
				+ Grihastha
Erwachsene			Teilhabe take care	
Junge Alte	50		Teilhabe take care	+ Vanaprastha Loslassen
Alte Alte	75	↓	Weisheit	+ Sannyasa

Folie 8

Lebenslauftheorien/Erwachsenenalter und Alter

Lifespan – Lebenslauf
Stages – Phasen
Developemental Tasks – Entwicklungsaufgaben

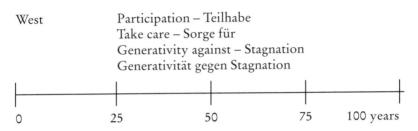

West

Participation – Teilhabe
Take care – Sorge für
Generativity against – Stagnation
Generativität gegen Stagnation

|---|---|---|---|---|
| 0 | 25 | 50 | 75 | 100 years |

Wisdom – Weisheit
Integrality against Despair –
Integralität gegen Verzweiflung

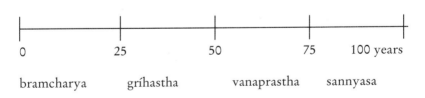

East – Ost
India – Indien

|---|---|---|---|---|
| 0 | 25 | 50 | 75 | 100 years |

bramcharya   gríhastha   vanaprastha   sannyasa

Folie 9

Meine Frage war, gibt es einen Unterschied in den Entwicklungsaufgaben im Lebenslauf zwischen dem 25.-50. und dem 50.-75. Lebensjahr, also unterschiedlich bei denen, die sich in die Gesellschaft durch Partnerschaft, Familie und Beruf einbringen und denen, die nach Auszug der erwachsenen Kinder und nach Beendigung der Erwerbsarbeit eine neue Lebensphase beginnen. Für beide gilt nach Erikson die Entwicklungsaufgabe Generativität gegen Stagnation und die Energie kommt durch die Teilhabe an der Gesellschaft.

Ich fand die Antwort in den fernöstlichen Philosophien in Indien und China.

Die indische Philosophie unterscheidet vier Lebensphasen: von 1-25 Jahren, die Zeit des Lernens (bramcharya), von 25-50 Jahren die Zeit der Einübung in die Gesellschaft (grihastha), von 50-75 Jahren die Zeit des Nicht mehr Verhaftetseins, des Sich Lösens bei gleichzeitiger Teilhabe an der Gesellschaft weiterhin (vanaprastha) und mit 75-100 Jahren die Zeit der sanaysa, der Vorbereitung auf den Übergang in eine andere Welt. – Ich verdanke diese Erkenntnisse neben vielen Befragungen in Indien selbst, vor allem im Vanaprastha-Ashram im Norden Indiens, den Werken von Ramahna Maharshi, von Heinrich Zimmer und den Erklärungen des indischen Psychologen und Gerontologen Narender Chadha.

1. Die erste Entwicklungsaufgabe (bis zu 25 Jahren) ist gekennzeichnet von Lernen, Initiation in die vedischen Weisheiten, Gehorsam gegenüber dem Lehrer, strikter Selbstdisziplin im Alltag, Selbstkontrolle und sexueller Enthaltsamkeit.
2. In der Zeit von 25-50 Jahren geht es um die Verwirklichung gesellschaftlichen Engagements in Beruf und Familie, verbunden mit der Ehrfurcht vor Gott, den Ahnen und den Weisen.
3. Im Alter von 50 – 75 Jahren beginnt in einem stufenförmigen Prozess die allmähliche Loslösung von der Bindung an die Familie und die sozialen Verpflichtungen, eines Nicht mehr Verhaftetseins, durch Umlernen, Freundlichkeit, Güte und eine mitfühlende Haltung allen Geschöpfen gegenüber. Diese Lebensphase ist eine Zeit neuen Fragens und Suchens, ein Leben, das mehr der Meditation und Kontemplation gewidmet sein sollte, um die wahre Identität seines Selbst zu finden, um den Weg des Lebens zu finden.

4. Die vierte Lebensphase, etwa ab 75 Jahren, bedeutet das völlige Loslassen weltlicher Bindungen im Außen, die Lösung vom äußeren Selbst und die Entfaltung des inneren Selbst, der Seele. Es bedeutet Selbst-Ausdruck, Selbst-Wachstum, Selbsterweiterung für die Verwirklichung der inneren Spiritualität. In den letzten beiden Lebensphasen ist die Suche nach dem höchsten Selbst, die Hingabe an Gott auf ihrem Höhepunkt, verbunden mit der ruhigen, sanften Verschmelzung, Vereinigung der individuellen Seele (Atman) mit der Universellen Seele (Paratma, Brahman) dem Höchsten Selbst, mit Gott, als dem endgültigen Ziel menschlichen Lebens.

In der Tradition altchinesischer Weisheitslehren hat der Koreaner Seon – O Yoon in seiner an der Universität Dortmund angefertigten Dissertation an Hand der Elemente und Zeichen des I GING einen Weg zur Kennzeichnung der Entwicklungsaufgaben erarbeitet. Auf der Basis der Lehre von Yin (Erde, Materie, das Weibliche, Mond, Körper, Wasser, Winter, Kälte, Nacht, Tiefe, Ruhe, das Weiche, Innere, Dunkel) und des Yang (Himmel, das Schöpferische, das Männliche, Raum, Geist, Feuer, Sommer, Hitze, Tag, Höhe, Bewegung, Aktivität, Helle) entwickelt er das Prinzip der Wandlung, wonach beide Energien und Kräfte sich in einem statischen und dynamischen Zustand befinden. Sie sind immer beide vorhanden und wandeln sich immer in wechselseitiger Bewegung. Wenn der Charakter des Yin allmählich abnimmt, nimmt die Kraft des Yang allmählich zu. Hat das Yang seinen Höhepunkt erreicht, zieht es sich zugunsten des aufstrebenden Yin zurück.

Unter diesem Wandlungsmuster betrachtet Yoon den menschlichen Lebenslauf. Die Lebensentwicklung des Menschen beginnt im Wasser, in der Ruhe, im Weichen, Passiven, dem Yin. Mit dem Heranwachsen bekommt die Yang-Energie größeren Einfluss, bis im frühen Erwachsenenalter der Gipfel der Aktivität erreicht wird (in der indischen Philosophie: grihastha). Der Mensch findet seine Identität. Danach wandelt sich die Energie wieder und die Yin-Energie bekommt wieder größeren Einfluss. Das Weiche, der Weg nach Innen, die Ruhe – bis zum »Ruhestand« – gewinnt an Kraft (dem indischen vanaprastha entsprechend). Dieser Wandel ist nicht ein Weg zu einem vermeintlichen Höhepunkt, dem dann ein Abstieg folgen würde. Vielmehr handelt es sich um einen Wandel verschiedener Aspekte der Energie. Wie in der indischen Philosophie finden wir auch hier Altern als Reifen, Wandlung und Wachsen.

Auch im deutschen Sprachgebrauch sprechen wir vom Frühling und Herbst des Lebens. Der Zeit der Ruhe, Nässe, Kälte, dem Winter, der den Yin-Aspekt verwirklicht, folgt mit steigender Aktivität – dem Yang – der Frühling, bis dann Hitze, Helle, Bewegung, Aktivität den Sommer anzeigen, der wiederum sich wandelt in zunehmende Kälte, Nässe, Ruhe des Herbstes und Winters.

Für die Geragogik ist von Bedeutung, dass mit Hilfe der westlichen, indischen und chinesischen Lehre die Phase des Alterns bestimmt werden kann. Auf der Basis von Teilhabe in der Gesellschaft, die mit zunehmendem Freigeben und Nicht-Verhaftetsein verbunden ist, wandelt sich die Art und Weise menschlichen Reifens, was nicht einen Abstieg bedeutet, sondern einen Wandel der Energie.

II

Geragogik als Herausforderung und Chance

Geragogik ist die Wissenschaftsdisziplin von Theorie und Praxis der Bildungs- und Kulturarbeit mit älteren Menschen. Ihre Bezugswissenschaften sind die Soziale Gerontologie, die Bildungs- und Kultursoziologie, die Sozialpädagogik und die Erwachsenenbildung. Das Ziel der Geragogik ist die Identitätsentfaltung im Lebenslauf.

Die Wege zu dem Ziel sind die Begleitung älterer Erwachsener durch Bildung und Lernen, die Entwicklung und Erprobung von Konzepten für die gerontologische Aus-, Fort- und Weiterbildung und die geragogische Forschung, die die Prozesse und Elemente von Bildungs- und Kulturarbeit mit alten Menschen und die gerontologische Bildungsarbeit untersucht. Geragogik ist keine verengte Wissenschaft des Alterns, sondern bezieht den gesamten Lebenslauf mit ein, steht als intergenerationelles Lernen im Kontext von Pädagogik und Andragogik.

Geragogik untersucht den Zusammenhang von Kultur, Gesellschaft und Individuum und ist die Verbindung von Gerontologie mit einer gesellschaftswissenschaftlich orientierten Erziehungswissenschaft (educational gerontology).

9 Gerontologie und Geragogik

Gerontologie und Geragogik

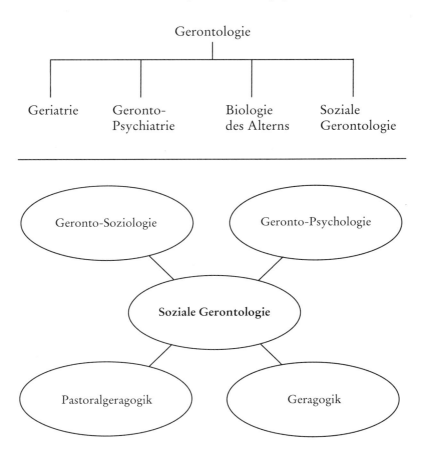

Folie 10

Die Geschichte der Gerontologie zeigt, dass eine wachsende gesellschaftliche Komplexität jeweils eine Herausforderung für die Differenzierung der Gerontologie war.

Die weitere soziokulturelle Ausdifferenzierung der Gesellschaft im Rahmen des Modernisierungsprozesses (Individualisierung, Pluralisierung der Lebenswelten, Erlebnisorientierung, Bildungsorientierung) hat eine weitere Ausdifferenzierung der Gerontologie zur Folge.

Bildungsmaßnahmen für Ältere werden zu einer gesellschaftlich relevanten Herausforderung. Lernen wird immer mehr auch aus sozioökonomischer Perspektive gesehen, wie die Diskussion um die Veränderung an Hochschulen, die Diskussion um Privatuniversitäten und die Diskussion um gesellschaftliche Aspekte des Lernens zeigen. Die Herausdifferenzierung des »Dritten Sektors« macht neben der beruflichen Bildung die nachberufliche Bildung zur gesellschaftlichen Pflichtaufgabe. Zu dieser neuen gesellschaftlichen Situation müssen Modelle und Vorschläge seitens der Gerontologie gemacht werden.

Das Miteinander der Generationen hat zunehmend die Entwicklung und Erprobung intergenerationeller Programme zur Folge, gerontologische Aus-, Fort- und Weiterbildung für den beruflichen Bereich und Weiterbildung Älterer für bürgerschaftliches Engagement im dritten Sektor zu verknüpfen.

Diese neuen Herausforderungen sind die Aufgabenstellung für die Geragogik/Gerontagogik.

Was noch aussteht, ist eine Vernetzung von Religionswissenschaften und Gerontologie in Form Transpersonaler Gerontologie oder für den Bereich des Christentums »Pastoralgeragogik«.

Die Wissenschaft vom Altern, die Gerontologie, hat sich in ihren verschiedenen Disziplinen in den letzten Jahrzehnten immer weiter entwickelt. Eine Fülle, kaum mehr überschaubar, an Forschungsergebnissen wurden gesammelt und veröffentlicht. Viele Felder des Lebens im Alter wurden von den verschiedenen Wissenschaften in der Gerontologie, der Soziologie, Psychologie, Geriatrie, Sozialpolitik immer mehr beleuchtet und gaben den Wissenschaftlern ein immer klareres Bild vom Altern.

Im Einzelnen kann dieser Prozess beschrieben werden als eine immer weitere Ausdifferenzierung eines neuen Wissenschaftsgebietes. Am Beginn des vorigen Jahrhunderts wurde der Begriff Geriatrie erstmals benutzt. Die Mediziner waren die ersten, die sich wissenschaftlich mit dem Alter befassten. Dem folgten nach dem 2. Weltkrieg in Westdeutschland die Psychologen – vor allem die »Bonner Schule«. Gleichzeitig entstand die Gerontosoziologie mit Leopold Rosenmayr in Wien. Hans Blume in Köln vernetzte die Gerontologie mit der Sozialpolitik. Für die Verzahnung der Gerontologie mit den Rechtswissenschaften sorgen Juristen, die gleichzeitig Gerontologen sind.

Die Wissenschaft der Übersetzung gerontologischer Theorie in die Praxis ist die Wissenschaft vom Lehren und Lernen, die Erziehungswissenschaft. Diese wird verstanden als Gesellschaftswissenschaft, die die Verzahnung von Kultur und Gesellschaft mit dem einzelnen älteren Menschen aufdecken will. Denn auch die Älteren bleiben trotz Ende von Familienarbeit und Erwerbsarbeit Mitglieder der Gesellschaft. Wie es den Pädiater als Kinderarzt und den Geriater als Altersmediziner gibt, so stehen Pädagogen und Geragogen am Beginn und Ende eines Lebenslaufsmodells menschlicher Entwicklung.

1950 (Kehrer) und dann wieder 1970 (Mieskes) taucht in der Wissenschaft der Begriff Geragogik auf – bei anderen, so Bollnow als Gerontagogik bezeichnet. Die Erwachsenenbildung – Breloer, Füllgraff, Arnold – beschäftigten sich in den 70er Jahren sehr mit der Altenbildung. Petzold und Bubolz definieren Mitte der 70er Jahre die Begriffe Geragogik und Sozialgeragogik und rechnen die neue Wissenschaftsdisziplin zur Gerontologie. 1981 wird die erste Habilitation zu »Soziologische Gerontologie und Sozialpädagogische Geragogik« fertiggestellt (Veelken, Dortmund). Einen entscheidenden Einfluss auf die weitere Entwicklung hatten die beiden Bund-Länder-Kommission Modellversuche »Weiterbildung älterer Menschen« – speziell mit bildungsungewohnten Gruppen (1977 bis 1980, Leitung Detlev Knopf) und 1980-1985 »Entwicklung und Erprobung eines Studienangebots für Senioren zur Ausbildung von Animateuren und Multiplikatoren« (Universität Dortmund, Leitung Ludger Veelken). Der erste Lehrstuhl für Soziale Gerontologie und Sozialgeragogik wurde 1988 an der Universität Dortmund eingerichtet (Ludger Veelken). Als Basis für eine gemeinsame Kooperation von Erwachsenenbildnern und Gerontologen wurde 1996 von Susanne Becker (Merseburg) und Ludger Veelken (Dortmund) der Arbeitskreis »Altern und Lernen (AULE) gegründet, der die Grundlage für weitere Zusammenarbeit bildete. In der Deutschen Gesellschaft für Gerontologie und Geriatrie DGGG wurde 1998 der Arbeitskreis »Bildung« als

Untergruppe von AULE gegründet, der wiederum sich aus zwei Untergruppen zusammensetzt, dem Arbeitskreis »Geragogik an Hochschulen« und dem Arbeitskreis »Geragogik in der Praxis«. Auf dem DGGG-Kongress 2002 in Dresden wurde die Gründung einer eigenen Sektion diskutiert. Im Jahre 2002 wurden das »Forschungsinstitut Geragogik FOGERA« und das »Europäische Institut für Geragogik, Lebensweltbegleitung und Pflegeforschung – E.I.Ge.L.P.« gegründet. Die Gründung einer »International society for Gerontagogy« ist geplant.

Die Struktur der Geragogik ergibt sich durch die Bereiche Altenbildung, Gerontologische Aus-, Fort- und Weiterbildung, Geragogische Forschung. Sie betrifft die beiden Felder Hochschule und Praxis. Gerade im Bereich geragogischer Praxis entwickeln sich in freien Initiativen, bei Volkshochschulen und Kommunen, neue Modelle zur Verzahnung von bürgerschaftlichem Engagement Älterer und der geragogischen Aus-, Fort- und Weiterbildung.

10 Felder und Zielstellungen der Geragogik

Ziele der Geragogik

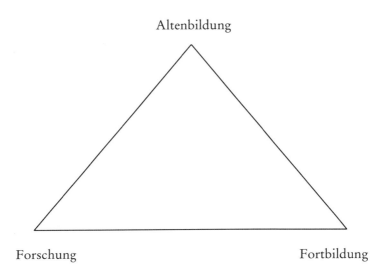

Zielstellungen der Geragogik

Geragogik hat drei Zielstellungen: Altenbildung, gerontologische Aus-, Fort- und Weiterbildung und geragogische Forschung (s. Veelken 2000). Zur Altenbildung, die bisher erst wenig erforscht ist, zählen u. a. Bildungsprozesse, Formen und Modelle von Bildung, Lernen und Weiterbildung in der nachberuflichen/nachfamiliären Zeit, Freizeit- und Kulturprogramme, Fragen eines neuen sozialen Dienstes in der Altenhilfe, Formen eines neuen Reiseerlebnisses, das als Reisen und Lernen sich versteht.

Altenbildung

Gerontologie ist die Lehre vom Lebenslauf, Lebenssinn und Lebensziel. Geragogik ist die Umsetzung in die Praxis des Lehrens und Lernens.

Ausgehend von dieser Prämisse, muss Altern und Lernen ein Ziel haben. Es geht nicht um Beschäftigung und Konsum. Altenbildung muss vielmehr gerichtet sein auf eine Verbindung zur Entfaltung von Identität im Prozess Tertiärer Sozialisation. Für die Geragogik ergibt sich die Forderung nach einem Konzept für die Altenbildung. Altenbildung ist kein zufälliges Geschehen, abhängig von den Gegebenheiten des Ortes oder Personals, sondern bedarf wie jede Form von Weiterbildung eines Curriculums.

Innerhalb des Sozialisationsprozesses sind Bildung und Lernen die Medien, über die Kultur sich vermittelt, in denen sich Gesellschaft den Menschen näher bringt, durch die eine Innovation und Veränderung der Kultur sich ereignen kann und in denen sich neue Formen der Gegensozialisation, eine veränderte Gesellschaft, sozialer Wandel und Modernisierungsprozesse bilden. Lernen bedeutet nicht nur formelles Lernen in vorgegebenen Lernprozessen, sondern in der Mediengesellschaft geschieht Lernen von morgens bis abends durch den Medieneinfluss in Wort, Bild und Ton.

In der gegenwärtigen Gesellschaft gibt es zwar keinen einheitlichen Begriff für ein Lernen im Alter – Seniorenbildung, Altenbildung, Lernen älterer Erwachsener, um nur einige zu nennen –, aber eine Fülle verschiedener Formen, die im einzelnen bisher nicht untersucht sind, kann man unterscheiden. Hier gibt es zunächst mehr traditionelle Bildungsarten in Seminaren, Kompaktkursen, Einzelvorträgen, Kursen, aber daneben Erzählcafes, Lernen in Wissensbörsen, neuerdings durch Einsatz neuer Medien in virtuellen Lernorten. Als Beispiel für Lernen im Alter soll das universitäre wissenschaftliche Weiterbildende Studium für Seniorinnen und Senioren dargestellt werden. Dabei geht es nicht darum, jeden Lernvorgang in ein Universitätsstudium umzumünzen, vielmehr können hier Elemente und Prozesse erkannt werden, die in abgeleiteter Form auch für andere Lernorte übertragbar sind.

Seit 25 Jahren ist in Deutschland – Ost und West, DDR und BRD – das Thema der Öffnung der Hochschulen für ältere Erwachsene entwickelt und in verschiedenen Formen erprobt. Die erste Altenakademie wurde 1974 in Dortmund gegründet. Der erste Modellversuch der Bund – Länder – Kommission für Bildungsplanung und Forschungsförderung wurde 1980 – 1985 an der Universität Dortmund durchgeführt. Damit wurden gleichzeitig die beiden verschiedenen Formen einer Altenbildung, die in Verbindung mit einer Hochschule – Altenakademien, Seniorenakademien, Seniorenuniversitäten – oder in die Hochschule integriert – Gasthörerstudien, Weiterbildende Studien, Studiengänge – entwickelt. Seit Anfang der 80er Jahre gab es diese Bewegung in der ehemaligen DDR, so etwa die »Universität der Veteranen der Arbeit« an der Humboldt-Universität in Berlin.

Inzwischen haben etwa 50 Wissenschaftliche Hochschulen jeweils verschiedene Formen entwickelt, die größtenteils in der Bundesarbeitsgemeinschaft Wissenschaftliche Weiterbildung für Ältere (BAG WIWA) zusammengefasst sind.

Die Zielgruppe für geragogische Bildungsarbeit sind sehr unterschiedlich. Konsumorientierte Bildungsangebote und Reisedienste werden ergänzt durch intensivere Studienmöglichkeiten, die sich an Personen richten, die ihr ganzes Leben gern gelesen haben, an beruflichen Weiterbildungsformen oder nebenberuflichen Angeboten oder sonstigen Angeboten teilgenommen haben. Stand 1980 noch der Wunsch im Mittelpunkt, endlich studieren zu können – vorwiegend von Frauen, die in der Nachkriegszeit wegen der Studienmöglichkeit der Brüder auf ein Studium verzichten mussten –, geht es dieser Gruppe heute vorwiegend um nachberufliche/nachfamiliale wissenschaftliche Weiterbildungsmöglichkeiten für freiwilliges bürgerschaftliches Engagement. Das Durchschnittsalter dieser Gruppe ist etwa 57 Jahre, sie wissen, dass sie statistisch noch mehrere Jahrzehnte leben können und haben erkannt, dass sie diese Zeit nutzen wollen, um ihrem Leben einen neuen Sinn zu geben.

Neben Einzelvorträgen, die dem Wissenskonsum dienen, werden zielgerichtete Angebote für diese Zielgruppe der »Jungen Alten« an Bedeutung zunehmen. Es geht dabei für viele um die Weiterbildung für Tätigkeiten im bürgerschaftlichen Engagement. Hierbei ist auf der einen Seite gemäß der Erlebnisgesellschaft der »Spaßcharakter« von Wichtigkeit. Auf der anderen Seite geht es um Information zu Lebensorientierung und Identitätsförderung. Lernen ist mit Wohlfühlen, Wellness verbunden. Das Lernprogramm sollte sich über einen längeren Zeitraum erstrecken. Entweder sollten Angebote einmal oder mehrfach in der Woche über mehrere Wochen und Monate angeboten werden, oder aber das Lernen sollte in Blockveranstaltungen – Wochenenden, Bildungswochen – stattfinden. Wichtig ist das Lernen in Gruppen. Gruppenlernen hat sich in der Kohorte der Jungen Alten als sehr sinnvoll herausgestellt, das der zunehmenden Singularisierung des Alterns entgegenkommt. Wenn möglich, sollte eine Gettobildung der Älteren vermieden werden, und es sollten intergenerationelle Lernprogramme entworfen werden. Die Erwachsenen dieser Altersgruppe haben vor 40 Jahren als Jugendliche am europäischen und internationalen Jugendaustausch teilgenommen. Aspekte der Europäischen Zusammenarbeit und der internationalen Kooperation können hier anknüpfen und auch in diesem Bereich der Geragogik den Aspekt der »Globalisierung« fördern.

Wichtig ist die Frage nach der Zielstellung. Es geht nicht darum, eine neue, moderne Form des Beschäftigungslernens zu entwickeln. Vielmehr geht es darum, denen, die daran interessiert sind, eine Form, eine Möglichkeit anzubieten und mit ihnen zu entwickeln, die sie unterstützt, ihre Lebensaufgabe auf diesem Planeten zu erfüllen und zur Fortentwicklung der Menschheit beizutragen.

Denn die meisten aus dieser Gruppe haben viel Zeit, freie Zeit, die sie mit Warten verbringen. Die Zeit des »Ruhestandes« kann bis zu 70 Jahren andauern. Die Pluralisierung der Lebenswelten, der Güter, der Lebensstile, der Freundschaften, Partnerschaften hat zu einer ernstzunehmenden Individualisierung geführt, die auch die Älteren zwingt, sich immer neu zu entscheiden, ihr eigenes Planungsbüro der nachberuflichen Zeit zu sein, bzw. erst einmal aufzubauen. Konkreter Hintergrund ist, wie gezeigt, die Entwicklungsaufgabe dieser Lebensphase. Kreativität, Produktivität, Engagement, Soziale Teilhabe sind die Kennzeichen für die Gruppe der Jungen Alten. Dabei geht es nicht mehr darum, neue Berufe aufzubauen, sich erneut in die Gesellschaft hinein zu manövrieren, um dort einen Platz zu bekommen, sondern es geht um das Hinaus-Manövrieren, das Loslassen, das nicht mehr Verhaftetsein, was aber nicht mit Rückzug gleichzusetzen ist. In dieser Ambivalenz zwischen weiterer Partizipation und Sich-Lösen liegt die Gratwanderung zur Entfaltung. Ältere scheiden nämlich nicht aus der Gesellschaft aus, begeben sich gleichsam auf außerhalb des Systems befindliche Inseln, sondern nehmen weiterhin teil am gesellschaftlichen Prozess.

Geragogische Aus-, Fort- und Weiterbildung

Zur geragogischen Aus-, Fort- und Weiterbildung für diesen Bereich ist die Entwicklung eines neuen Berufs- und Studienprofils erforderlich.

Zusätzlich zu den bisherigen Ausbildungs- und Weiterbildungsmöglichkeiten zum Sozialgerontologen mit vorwiegend sozialpolitischem und gerontopsychologischem Schwerpunkt und Gerontopsychologen bedarf es – der Erweiterung der Wissenschaftsdisziplinen entsprechend – der Ergänzung durch den »Geragogen« – sei es als eigenes Berufsprofil oder als Studienschwerpunkt im Diplomstudium Erziehungswissenschaft bzw. in der Ausbildung zum (FH) Diplom-Sozialpädagogen oder Diplom-Sozialarbeiter.

Mögliche Arbeitsfelder werden sich entwickeln im Bereich Aus-, Fort- und Weiterbildung, Kultur, Freizeit, Reise, Sport, Medien, Politikberatung in der ganzen Skala der Institutionen und Verbände – Hochschulen, Forschungsinstitute, Weiterbildungseinrichtungen, Kommunen, Freie Träger und Verbände, Reiseunternehmen. Ausbildung – in ähnlicher Weise und Fort- und Weiterbildung – besteht nicht einfach nur aus der Übertragung üblicher gerontologischer Inhalte auf eine bestimmte Ausbildungszeit, sondern versteht sich als Bildungsgang, als ein als Kontinuum erlebter Lernprozess mit jeweils komplexer werdenden Entwicklungsaufgaben.

Wenn Lernen in Zeitabschnitten erfolgt – ob Studiengang, Wochenendseminar, Wochenlehrgang, mehrsemestriges Weiterbildendes Studium – ist es keine Aufeinanderfolge von Stoffabschnitten, Lehrinhalten, sondern das Lernen in einer Gruppe und in einer Zeiteinheit ist wie ein lebendes, offenes System, das bestimmten Regeln folgt. Zwei »Schienen« stehen sich gegenüber, laufen parallel. Zum einen der objektive Lehrinhalt, der in einer bestimmbaren Zeiteinheit beigebracht wird. Zum anderen die subjektiv erlebte Zeit des Umgangs mit den Lehrinhalten in dieser vorgegebenen Zeit. Beides ergibt die Idee eines fließenden Prozesses, der in Phasen verläuft und mit sich entfaltenden Entwicklungsaufgaben verbunden ist.

Lehrende und Lernende sind Elemente dieses Systems, in dem ein objektiv vorgegebener Lehrinhalt subjektiv gelehrt und gelernt wird.

Entwicklungsaufgaben sind Schritte, die bestimmte Abschnitte eines Zeitverlaufs beschreiben und deren Lösung den sinnvollen und erfolgreichen Weitergang ermöglicht. In einer Lernsequenz können vier verschiedene, aufeinander aufbauende Entwicklungsaufgaben unterschieden werden (s. Veelken 1994).

Diese vier Entwicklungsaufgaben richten sich an die Lehrenden und die Lernenden.

Die *erste Entwicklungsaufgabe* ist die Weckung der Motivation. Es muss die Freude daran entwickelt werden, mit Älteren in der Bildungsarbeit, für Ältere sein Engagement einzusetzen.

Die Lehrenden müssen sich zunächst klar sein über ihre Motivation. Ich sage immer, wer in der Gerontologie arbeitet, muss zunächst eine »Liebe« zu den älteren Erwachsenen haben. Das ist nicht selbstverständlich, da zu viele Vorurteile gegen das Alter dem entgegenstehen.

Gerade für jüngere Lehrende kann eine Überzahl Älterer, die gern »in Rudeln« auftreten, nur ihre eigenen Erfahrungen berichten wollen und Jüngere maßregeln – zumindest dazu neigen können, aufgrund des Älterseins dauernd Kritik zu üben –, störend sein. Die Motivation besteht darin, im Sinne reflexiven Lernens und Lehrens reflexiver Gerontologie zum eigenen Lebensalter und zu der Tatsache des Älterwerdens zu stehen. Denn oft sind es gerade die Gerontologen, die über Quotenregelungen oder den Ausschluss Älterer von ihren Veranstaltungen ihre eigene Angst vor dem Altern verbergen. Erst, wer selbst die Motivation hat, konkret mit Älteren zu leben ohne Angst, dabei immer wieder an das eigene Älterwerden erinnert zu werden, kann bei anderen diese Motivation wecken. – Die die Lehre Lernenden müssen bei sich diese Motivation zur – im weitesten Sinne – Altenarbeit wecken. Denn die Schwierigkeit besteht darin, dass das Defizitmodell in den Köpfen anderer – im Alter wird alles geringer, kleiner, nicht mehr so bedeutungsvoll – sich auf die in der Altenarbeit Tätigen überträgt. Wer einen Vortrag über den EURO, über Management, über neue Führungsmodelle halten soll, wird mit viel Geld angelockt. Wer einen Vortrag über das Altern halten soll, wird vielfach so behandelt, als ob er selbst kleiner, weniger kraftvoll, weniger bedeutsam ist. Als ich von der Jugendarbeit zur Altenarbeit/Altenbildung/Gerontologie wechselte, wurde ich im Verwandtschaftskreis gefragt, ob es mir nicht mehr so gut ginge, ob ich ein bisschen krank sei, ob ich mir die Arbeit mit den Jugendlichen nicht mehr so ganz zutrauen würde. Deshalb muss sich derjenige, der die Begegnung mit Älteren lernen will, klar machen:

Affirmationen:
- ich als Jüngerer will mit den Älteren in einem schweren aber sinnvollen Beruf arbeiten,
- die Gerontologie ist eine spannende Wissenschaft, weil sie die Wissenschaft vom Lebenslauf, Lebensziel, Lebenssinn ist,
- als Wegbereiter stehen mir viele Wege und Methoden offen,
- Ältere wollen oft alles Mögliche lernen, Orientalistik, Schriften des Alten Testamentes der Bibel, Geschichte des Reiselandes – aber nichts über sich selbst, über Möglichkeiten und Chancen im Alter. Das liegt zum Teil daran, dass auch hier das Defizitmodell des Alterns weit verbreitet ist, weil nur der körperliche Prozess der möglichen Einschränkungen gesehen wird. Ältere, »moderne Ältere« müssten einen Heißhunger darauf haben – neben vielem anderen – auch etwas über die eigenen Wachstumschancen und -möglichkeiten zu lernen.

Die *zweite Entwicklungsaufgabe* ist die Kenntnis der Zielgruppe.

Die Lehrenden müssen so viel wie möglich über das Altern gelernt haben und über die Alternsprozesse, um es anderen weitergeben zu können. Hier ist die gesamte Gerontologie aufgerufen, nicht nur medizinische Alternsfaktoren und Gesundheitsprobleme.

Für Lehrende und Lernende ist es die Aufgabe, möglichst viel über die Zielgruppe, denen sie begegnen werden, kennen zu lernen, sich in Theorie und Praxis mit der Begegnung Älteren auseinander zu setzen.

Affirmationen:
- Ich kann Ältere konkreter kennen lernen, wie sie leben.
- Ich lerne mein zukünftiges Arbeitsfeld besser kennen.
- Die Begegnung mit Älteren ist keine »Objektbetreuung«, sondern »wechselseitige Aktivierung«.
- Es ist wichtig, sich klar zu machen, dass eine andere Generation mir als Geragogen gegenübertritt.

Bei der *dritten Entwicklungsaufgabe* geht es um die Erarbeitung eines ersten Konzeptes.

Die Lehrenden müssen für sich selbst einen größeren Rahmen hergestellt haben, aus dem sie dann das brauchbare Konzept zur Weitergabe entwickeln können.

Die Lernenden müssen objektives Lernmaterial mit subjektiver Aneignung verbinden, um für sich selbst ein von ihnen passendes Konzept zu machen.

Affirmationen:
- Ich werde Profi, kompetent in meinem Beruf.
- Ich lerne Einzelheiten des späteren Arbeitsfeldes jetzt in den Praktika und in der Theorie.
- Ich bin in der Lage, mir mein Konzept zusammenzustellen.

Die *vierte Entwicklungsaufgabe* bezieht sich auf die Erlangung der Kompetenz im Übergang von der Ausbildung zur Praxis. Kompetenz bezieht sich auf die fachliche, methodische und persönliche Kompetenz.

Zu den gerontologischen Grundlagen gehören:
- Theorie, Trends, Geschichte, Personen der Gerontologie
- Gerontosoziologie – wie etwa die Stellung des älteren Menschen in einer sich wandelnden Gesellschaft; Sozialisation; Soziologe des Wohnens; der Sexualität; der Erziehung und Bildung; der Intergenerativität der Generationen; der Systeme; Methoden der gerontologischen Sozialforschung
- Gerontopsychologie – wie etwa die Entfaltung der Identität im Lebenslauf; Einstellung; Verhalten, Intelligenz, Emotionalität; Schulen der Psychotherapie
- Sozialgerontologische Aspekte der Geriatrie und Gerontopsychiatrie – wie etwa Soziogenese von Gesundheit und Krankheit, Prä-

vention und Soziale Rehabilitation; Schulmedizin und alternative Heilmethoden; Modelle des Gesundheitslernens
- Sozialpolitische Aspekte der Gerontologie – wie etwa neuere sozialpolitische Trends im Handlungsfeld Altenarbeit; Altenpflege im vernetzten System der Altenarbeit; Qualitätsverbesserung der Lebenslage aus intergenerationeller Sicht
- Globale und interkulturelle Forschungsergebnisse zu Lebenslauf und Alter.

Der Betriff Geragogik umfasst die Gesamtheit dessen, was mit Bildungs-, Freizeit-, Kultur-, Tourismusarbeit und Gesundheitslernen im Handlungsfeld Altenarbeit gemeint ist. Der Geragoge studiert mit dem Ziel, die Kompetenz zu erlangen, den älteren Erwachsenen und alten Menschen im Lebenslauf in seiner Lebenswelt und im Sozialisationsprozess fördernd zu begleiten.

Die Lehrenden müssen sich diese Kompetenz aneignen und wirklich von innen heraus über das Lernen lehren.

Die Lernenden müssen die Kompetenz für sich haben und sie anderen vermitteln können.

Affirmationen:
- Ich kann meine berufliche Identität entwickeln;
- ich sehe das Ende des »Schul/Ausbildungstunnels« und freue mich auf die Berufsrolle;
- ich muss noch nicht alles sofort können, Weiterbildungsmöglichkeiten stehen mir weiterhin offen.
- Lehrende und Lernende müssen die Selbstkompetenz entwickeln zur bewussten Lebensplanung.

In einem solchen Modell des Lehrens und Lernens in einem Bildungsgang mit Entwicklungsaufgaben kann Lehre nicht mehr im einbahnigen Vermitteln von Kenntnissen bestehen. Vielmehr muss nach einem komplexeren Modell gesucht werden, das diese Elemente in der Lehre berücksichtigt und fördert. Ich habe es gefunden im Anschluss an die Themenzentrierte Interaktion (Ruth Cohn). Dabei unterscheide ich drei Eckpunkte: Ich, Lernstoff und Gruppe. Am Ausgangspunkt steht der Lehrende: Wie geht es mir, worauf freue ich mich, macht mir etwas Unbehagen vor dem Referat, Vortrag, Prüfungsvortrag? Was kann ich tun, um mich besser zu fühlen? Der zweite Punkt ist das Thema, der Lernstoff. Vorausgesetzt ist, dass der Lehrende den Stoff kennt und beherrscht. Aber hier geht es nicht nur um ein Vortragen des Stoffes, sondern darum, dass der Lehrende eine Beziehung zu dem Thema aufgebaut hat, dass das Thema mit seiner Energie durchsetzt ist, denn nur so kann es übermittelt werden, ohne dass die Energie im Raum absinkt: Weswegen wählte ich dieses Thema, was ist für mich das Wichtige daran, welche Beispiele aus meiner eigenen Erfahrung fallen mir ein, welche eignen sich zur Übermittlung? Wenn hier eine lebendige Beziehung zwischen dem Thema und dem Lehrenden besteht, entfällt auch das vielfach zu beobachtende Stöhnen des Referenten, vor allem, wenn er unter Zeitdruck geraten ist. Das dritte Element, das in Vorlesungen, traditionellen Vorträgen, Referaten, oft vergessen wird, ist die Gruppe der Lernenden. Es muss eine Beziehung hergestellt werden zwischen dem Lehrenden und der Gruppe – sie müssen sich nicht sofort alle lieben! – und der Gruppe und dem Lehrenden. Der Lehrende muss eine Beziehung herstellen zwischen dem Thema und der Gruppe, das Thema muss für die Gruppe von Interesse, Bedeutung, Relevanz werden, weil damit ein sinnvoller Energieaustausch gewährleistet ist und ein solcher Vortrag nicht müde macht, sondern alle wach, aufmerksam und voller Energie bleiben, die dann in nachfolgende Gespräche einfließt. Wichtig ist die Frage nach dem Umfeld des Lernprozesses. Ist der Raum dem Lehren und Lernen förderlich oder tötet er sofort jedes Engagement ab, zu dunkel, zu laut, keine Atmosphäre.

Geragogische Forschung

Geragogische Forschung ergänzt sozialgerontologische Forschung in den Feldern Bildung, Freizeit, Kultur, Reisen. Neben der Erhebung von Daten etwa zur Verteilung, Inanspruchnahme, Effizienz verschiedener Angebote in überregionaler und regionaler Sicht, geht es um die Entwicklung und Erprobung neuer Modelle und die Erforschung der darin ablaufenden Prozesse und sich daraus ergebender Konsequenzen für Gesellschaft und Politik. Das soll an einem Beispiel verdeutlicht werden:

Es gibt mehrere Untersuchungen zu neuen Modellen bürgerschaftlichen Engagements. Die soziodemographischen Grundlagen, die Erwartungen der Gruppe der Älteren, die sich zu freiwilligem Engagement entschließen, das soziale Umfeld und einzelne Modelle werden untersucht.

Aber jetzt taucht die Frage auf, welche Konsequenzen diese sozialgerontologischen Daten mit sich bringen. Was passiert in den Projekten im Einzelnen? Welche Chancen und Probleme sind dabei zu beobachten? Wie lassen sich Entwicklung und Erprobung der Projekte prozesshaft darstellen, um so übertragbare Erkenntnisse für andere Vorhaben zu bekommen? Dies gilt vor allem für Modelle, die mit Fort- und Weiterbildung, mit Qualifizierung und der Förderung von Kompetenzen zu tun haben. Was sind Studien- und Teilnehmerprofil? Wie sind die curricularen Elemente, die Entwicklungsaufgaben in Bildungsgang erarbeitet? Zu welchem Ergebnis kommt die Evaluation der Fortbildungsmaßnahme? Welchen Nutzen bringt die Förderung der Kompetenz für den Einzelnen und die Gesellschaft? So könnte man weiterfragen. Deutlich wird, dass sozialgerontologische Forschung Grundlage der weiteren geragogischen Forschung ist. Sozialgerontologische Forschung muss aber dringend durch geragogische Prozessforschung ergänzt werden, um zu übertragbaren Erkenntnissen zu gelangen.

11 Elemente geragogischen Lernens

Elemente des Lernens

Das Lernen von Erwachsenen geht nach anderen Kriterien vor sich als das Lernen von Kindern. Die Lernpsychologie hat herausgearbeitet und die Gerontopsychologie hat es auf den Alternsprozess angewandt, dass im Alter das Lernen von »unsinnigem« Material – Telefonnummern, Namen, Bankleitzahlen – schwieriger wird: Die fluide Intelligenz lässt nach, während das Lernen von Zusammenhängen, von »sinnvollem und geordneten« Material leichter fällt: Die kristalline Intelligenz nimmt eher noch zu.

Für den Lernprozess selbst hat das Konsequenzen, die genutzt werden sollten.

In langjähriger Erfahrung mit dem Lernen von jungen und älteren Studenten – jüngeren und älteren Erwachsenen – konnten folgende Elemente herausgearbeitet werden:

Bedeutungslernen

Als ich vor Jahren in der Grundschule unterrichtete, konnte ich den Schülerinnen und Schülern einen Text vorlesen und sie konnten ihn auswendig wiedergeben, wussten aber oft nicht, wovon der Text handelte. Sie kannten nicht den Sinnzusammenhang, konnten aber einen unsinnig erscheinenden Text wiederholen. Bei den jüngeren Studierenden an der Universität konnte ich das keineswegs mehr beobachten. Hier mussten Lernzusammenhänge hergestellt werden, ein sinnvoller Aufbau erklärt werden, es musste ein Bezug der Lernenden zu dem Lernstoff hergestellt werden. Wenn Studierende für Lehramts- oder Diplomprüfungen zu mir kommen, lautet die erste Frage von mir: Worüber möchtest du die Klausur schreiben, was ist dir so wichtig, dass du einen Teil deines Lebens für die Vorbereitung hergeben möchtest? Was lässt dich kaum noch schlafen, ohne dass du ein Problem mit soziologischem Material, mit Theorien und Hypothesen erklären möchtest? Es muss eine Bedeutung hergestellt werden zwischen dem Lernenden und der Thematik. Diese Bedeutung muss mit Gefühlen wie Interesse, Motivation, Spaß,

Neugier, Problemlösungsverhalten verbunden sein, weil dann garantiert ist, dass nicht nur für die eine Klausur gelernt wird – um es dann ganz schnell wieder zu vergessen – sondern, dass jemand ExpertIn auf einem speziellen Gebiet wird, wobei die jeweilige Prüfung das Abfallprodukt des Wissens ist. Dies gilt auch für ältere Lernende. Sie sind vielfach in der glücklichen Lage, dass sie sich den Lernstoff, die Thematik schon nach ihren Bedürfnissen, Bedeutungen herstellen und aussuchen können. Die Grenze des Elementes Bedeutungslernen liegt also zwischen Grundschulkindern einerseits und jüngeren und älteren Erwachsenen andererseits. Das hat aber als Konsequenz, dass ein für die älteren Lernenden errichtetes Lernklima des Bedeutungslernens auch den jüngeren Erwachsenen zugute kommt.

Dialektisches Lernen

Lernen geschieht nicht nach dem Bild des Nürnberger Trichters, durch den in ein Gefäß Lernstoff eingeführt wird, bis der Topf voll ist. Das hätte zur Konsequenz, dass mit einem bestimmten Alter »nichts mehr hereingeht«, der Topf ist voll, Lernen im Alter ist verlorene Liebesmüh. Sie wissen ja schon alles.

»Was Hänschen nicht lernt, kann Hans immer noch lernen.« Jüngere können das jeweils neueste Wissen der dynamisch sich veränderten Kultur und Gesellschaft aufnehmen, Ältere können es oft nicht mehr so schnell, weil ihre gesammelten Erfahrungen das verhindern.

Wenn Ältere noch etwas Neues lernen wollen, müssen sie das dialektisch tun. Sie müssen einen Teil ihrer Erfahrungen »vergessen«, hintanstellen, dialektisch negieren, um die alten Erfahrungen mit dem neuesten Wissen zu vernetzen. Dieses »Aufbewahren« ist nicht »Vergesslichkeit«, sondern der Vorgang, bei dem alte Erfahrungen mit dem alten Wissen »aufgehoben« werden, Neues gelernt wird und daraus eine neue Erkenntnis aus altem und neuem Wissen entsteht. Dieses Wissen wird dann umso wertvoller, je größer und länger die Erfahrung ist. Verarbeitete Erfahrung steht dem Lernen nicht im Wege, sondern erhöht die Qualität.

Von diesem Prinzip her gesehen ist eine gesellschaftliche Notwendigkeit, den Älteren neue Lernmöglichkeiten zu bieten, damit sie ihre Erfahrungen mit dem jeweils neuesten Wissen verbinden können, von dem

Jüngere dann lernen können. Auch hier ist das Ganze mehr als das Nebeneinander seiner Teile.

Gruppenlernen

Ich habe die Erfahrung gemacht, dass Prüfungs- und Examensarbeiten, die in kleinen Gruppen vorbereitet wurden, wenn oft bis in die Nächte herein diskutiert wurde und Beispiele der verschiedenen Gruppenmitglieder miteinander vernetzt wurden, der Lernstoff dadurch immer klarer wurde, besser gelernt wird. Das heißt nicht, dass nicht mehr das »Lernen im stillen Kämmerlein«, das Lernen in Einsamkeit eine Voraussetzung ist, aber es sollte ergänzt werden durch den Austausch – den Austausch der Bedeutungen, der Erfahrungen. Das gilt auch für ältere Lernende. Meine Erfahrung ist, dass das Lernen in Gruppen – im Weiterbildenden Studium für Seniorinnen und Senioren kommen die älteren Studierenden fünf Semester lang an der Universität einmal in der Woche zusammen – das Lernniveau erhöht. Es macht mehr Spaß und regt an, in der Einzelarbeit, im Einzelstudium das im Gespräch Gelernte weiter zu vertiefen.

Eine Gruppe ist, darauf hat der Psychologe Carl Rogers hingewiesen, ein Organismus, der nach bestimmten Gesetzen abläuft. Wenn ich diese Gesetze kenne, auf der »Landkarte« möglichst viel über Gruppen weiß, kann ich mich in eigenen Gruppen, Beziehungen, Begegnungen, aber auch in der professionellen oder »ehrenamtlichen« Gruppenarbeit besser zurechtfinden. Gruppen bestehen nach Homans aus den Elementen: Aktivität, Interaktion, Gefühl. Eine Gruppe muss etwas zusammen tun, dabei sich begegnen, miteinander reden, sich unterhalten, zusammen etwas zuwege bringen, und dabei entstehen Gefühle, positive und negative Emotionen. Diese drei Elemente bedingen einander und beeinflussen sich gegenseitig und wechselseitig. Je mehr eine Gruppe miteinander unternimmt, umso mehr Möglichkeiten zur Begegnung gibt es und umso schneller kommt es zur Entwicklung von Gefühlen. Wenn man merkt, die Gruppenmitglieder mögen sich, es macht Spaß zusammen zu sein, man fühlt sich wohl in der Gruppe, wird man sich öfter treffen wollen und sich intensiver kennen lernen. Wenn man merkt, oh je, die mag ich nicht, bloß nicht so oft treffen – dann werden Aktivitäten und Interaktionen von selbst weniger werden. Je intensiver die Begegnung, umso intensiver das Gefühl – so weit, dass es den Einzelnen zu überrollen beginnt und man Stopp sagt und die Aktivitäten reduziert. Wenn bei den Begegnungen sich herausstellt, es wird doch langweilig im Gespräch, es ist nicht das, was ich erwartet habe, auch dann werden die Aktivitäten zurückgeschraubt werden, bis man sich zufällig auf dem Markt noch einmal beim Einkaufen trifft.

Diese wechselseitig sich bedingenden Beziehungen der Elemente kann man nun als Prozess beschreiben (Mills und Rogers).

Am Beginn einer Gruppe steht immer die Bedürfnisbefriedigung. Man kommt zusammen, weil man den Wunsch dazu hat, weil man ein gemeinsames Ziel hat, weil man eine gemeinsame Gruppe gründen will, weil man eine Partnerschaft begonnen hat. Werden die Bedürfnisse nicht befriedigt, macht es keinen Spaß, hat man sich ganz etwas anderes darunter vorgestellt, geht man wieder auseinander, man kommt nicht mehr zum Gruppentreffen, ein date wird abgesagt.

Macht es aber Spaß, freut man sich aufs nächste Mal, will man wieder zusammen kommen, sich treffen, wird nach einer Stabilisierung der Bedürfnisbefriedigung gesucht. Die Gruppe ist eine Stufe weitergekommen. Und hier beginnen die Schwierigkeiten und Probleme. Selten treffen sich mehrere Menschen, deren Bedürfnisse über auch einen kürzeren Zeitraum ganz gleich sind. Dann beginnt das Unwohlsein, wessen Bedürfnisse haben den Vorrang? Wer ist die oder der Stärkste, die ihre Bedürfnisse, Wünsche, Vorstellungen, Pläne durchsetzen kann? Ärger kommt auf, der Ärger, den man sowieso hat, findet ein Ventil in der Gruppe. Disharmonien entstehen, Unruhe, Langeweile »es zieht sich«, sagte einmal eine Seminarteilnehmerin. Der Ärger, die Wut, die Kritik richtet sich gegen den Stärksten in der Gruppe, in der Regel gegen den Leiter, die Leiterin. Kennt sie die Gruppengesetze nicht, spielt er/sie beleidigte Leberwurst, nimmt sie die Äußerung von Ärger als persönlichen Angriff, ist der Gruppenprozess beendet. Lebt der Leiter nach dem Prinzip »Kritik ist die erste Form der Anerkennung«, weiß die Leiterin, dass dieser Ärger, diese Kritik, diese verletzende Äußerung ein normales Symptom des Gruppenprozesses ist, wird sie sich freuen. Vielleicht hat man den Ärger auch etwas provoziert, ihn bewusst etwas herausgefordert, um den Gruppenprozess zu beschleunigen. In der Regel geschieht dieser wichtige Punkt des Gruppenprozesses in einer Semestergruppe in der ersten Semesterhälfte, in einem Wochenendseminar sollte er am ersten Abend passieren, damit die Gruppe noch Zeit genug hat, sich auf den Prozess der weiteren Gruppenarbeit vorzubereiten und nicht auf der zweiten Stufe des Gruppenprozesses, die in der Regel immer mit negativen Gefühlen verbunden ist, auseinandergeht. Behält der Leiter die »Nerven«, lässt er den Gruppenprozess zu, geht die Gruppe zur nächsten Stufe über, sie lässt sich in ein vorgegebenes Ziel einbringen. Die negativen Gefühle sind »heraus«, ab jetzt läuft es »wie geschmiert«.

Das »kollektive Ziel« ist verbunden mit dem Symptom der heilenden Gruppe. In dem Augenblick, in dem der Leiter angegriffen wird, entstehen sofort heilende, helfende Kräfte, andere Gruppenmitglieder nehmen ihn in Schutz, relativieren die Kritik. Gleichzeitig ist es der Versuch der Gruppe, den Leiter in den Gruppenprozess und in die Gruppe selbst einzubeziehen, er wird Mitglied der Gruppe, zumindest mehr als vorher.

Dem kollektiven Ziel folgt das autonome Ziel. Die Gruppe entdeckt ihre Gruppenidentität, neue Aktivitäten werden selbst bestimmt angeregt und durchgeführt. In Partnerschaften geschieht Ähnliches, obwohl es hier noch komplizierter ist. Jetzt wird es sich zeigen, ob die Gruppe auseinander fällt auf einer Stufe oder einen Schritt weiter geht in selbst bestimmten klaren, von beiden akzeptierten Zielen und Wegen.

Aber die Phase der selbst bestimmten Zieldauer ist nicht »ewig«, die Gruppe geht weiter, sie nimmt in der Phase des Gruppenwachstums neue Mitglieder dazu – an dieser Stelle ist der Platz in einer Partnerschaft für Kinder – man erweitert die Ziele und Möglichkeiten oder die Gruppe teilt sich, geht auseinander, auch eine Form von Zellteilung und Wachstum. Gelingt das, entsteht ein neues Bedürfnis, nach dem Studium, nach dem Semester, nach dem Wochenende, nach dem Urlaub will man sich weiter treffen und der Prozess beginnt wieder in neuer Zusammensetzung, neuer Zielsetzung bei Stufe eins.

Das Ganze ist natürlich komplizierter als hier im Modell angegeben, die Stufen laufen kreuz und quer durcheinander, überlappen sich, aber die Grundrichtung stimmt, sie ist in jeder Gruppe vorhanden und der Leiter – oder in einer Partnerschaft beide – kann und können den Prozess steuern. An dieser Stelle sollten die Grundlagen zu Gruppenelementen und Gruppenprozessen angegeben werden, die jeweils in verschiedenen Wissenschaftsdisziplinen ausdifferenziert wurden.

Noch spannender wird das Ganze, wenn man das Modell der fünf Elemente der chinesischen Weisheitslehre dazu nimmt (Kim Da Silva 2000, Yoon, Seon-O 1998). Alles Neue entsteht in der Idee, geht von da ins Wasserelement, gewinnt Kreativität, die Bedürfnisse wachsen, sprudeln über – Sexualität ist eine der verschiedenen Ausdrucksformen dieser Kreativität – alles macht Spaß, die Gruppe lebt wie im Freudentaumel – doch das dauert nicht ewig, das Holzelement nähert sich. Es wird »geholzt«, die Wachstumswünsche der verschiedenen Gruppenmitglieder sind verschieden, es ist eine permanente Auseinandersetzung, Kindheitsverletzungen feiern Triumphe, Sexualität hört auf, negative Gefühle wie Neid, Eifersucht, Ärger, den anderen bessern wollen, ihn zur Anpassung zwingen an den eigenen Wachstumsprozess, tauchen auf. Viele Gruppenprozesse werden an dieser Stelle abgebrochen: Das »Teufelsdreieck« der Beziehungen: neue Idee, neue Kreativität, neue Sexualität – und wieder im Holzelement!

Da gibt's nur eins, rübertreten zum Feuerelement: Distanz, Abstand, Respekt, durchaus in Liebe, aber erst mal allein weiter wachsen, nicht bedrängen. Die Gruppe läuft. Sie kommt ins Erdelement. Neue Offenheit, neuer Kontakt ist möglich, aber jetzt ist das Ganze »geerdet«, es ist real, es hat Kontakt mit der Wirklichkeit, falsche Träume sind verschwunden. Die Offenheit, Nähe und Zärtlichkeit sind nicht mehr verbunden mit negativen Emotionen und die Möglichkeit des Übergangs ins Metallelement ist gegeben. Traurigkeit geht weg, Mut entsteht. Mut zum Gruppenwachstum, auseinandergehen, loslassen oder weitergehen in ein neues Wasserelement auf neuer Ebene und wieder weiter bis zum nächsten Holzelement, zum Prozess der wieder neu entstehenden Phase der Stabilisierung der Bedürfnisbefriedigung. Oder aber Wachstum besteht aus Zellteilung, die Gruppe trennt sich, aber im Unterschied zur Trennung im Holzelement ohne Groll, ohne negative Gefühle.

Exchange learning

Wenn ältere Erwachsene lernen, steht das Lernen als Prozess im Vordergrund, da es eigentlich keine Lehrer und Belehrten gibt. Ältere Erwachsene sind Lernpartner und nicht Lehrobjekte. Aufgrund ihrer Lebens- und Berufserfahrung bringen sie Kenntnisse in die Lernsituation ein, die den oft jüngeren »Lehrern« nicht bekannt sind. Beide Partner sind gleichzeitig Experten und Laien. Das Lernen ist ein Prozess des Austausches (exchange learning), bei dem abwechselnd von beiden Partnern gelernt und gelehrt wird.

In der Lernsituation des exchange learning befinden sich immer Personen, die Fertigkeiten besitzen, die die jeweils anderen nicht haben. Man lernt voneinander in der intersubjektiven Beziehung.

Voraussetzung sind: wechselseitige Wertschätzung, Einander ernst nehmen, wechselseitige Respektierung der Grenzen, Mut zu Offenheit und Konfliktbewältigung. Im Rahmen der Geragogik ist ein solches Lernen ein Ich-stärkendes Lernen. Denn es weckt Eigenkräfte, die dann der Lerngruppe zugute kommen.

Vor allem das intergenerationelle Lernen sollte immer exchange learning sein, damit die jeweiligen Kompetenzen – die gesammelte Erfahrung der Älteren und Theoriebewusstsein und Zukunftsgespür der Jüngeren – sich wechselseitig ergänzen.

12 Aspekte Transpersonaler Geragogik

Der Mensch ein System aus Vielheiten

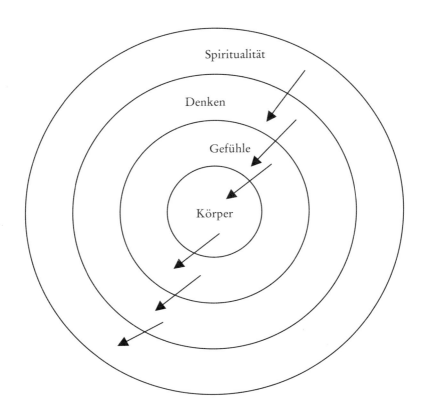

Lebender Organismus

Folie 12

Aspekte einer Transpersonalen Geragogik

Wir leben in einer Gesellschaft, in der in der Weiterbildung nicht nur Formen angeboten werden, die den Verstand ansprechen. Vielmehr kann man in den meisten Weiterbildungsangeboten Programme entdecken, die Kinesiologie, Tai Chi, Fünf Tibeter, Yoga, TAO, Meditation, Autogenes Training anbieten. Der Pluralisierung der Lebenswelten und der damit vielfach gegeben Orientierungslosigkeit entsprechen neue Angebote, die den Menschen eine neue Form ganzheitlicher Orientierung geben.

Hier ist der Ansatzpunkt einer Transpersonalen Geragogik, die Elemente der Transpersonalen Psychologie mit Elementen der Gerontologie und Geragogik vernetzt und so den Rahmen der Geragogik erweitert und neue Möglichkeiten geragogischer Arbeit erschließt. An dieser Stelle können nur einige Aspekte dieser umfassenden Thematik aufgezeigt werden.

Der Ansatzpunkt der Arbeit auch mit älteren Erwachsenen ist zunächst der Körper. Altenbildung und Altenarbeit erstrecken sich zunächst auf die körperliche Ebene, auf Körperpflege, Gesundheit, Ernährung, Bewegung. Doch wir Menschen sind mehrdimensionale Wesen. Altenarbeit und Altenbildung dürfen sich nicht auf die Körperebene beschränken.

Wir wissen etwa aus der Psychosomatik, wie entscheidend die Emotionen den Körper beeinflussen und umgekehrt. Gefühle wie Freude, Lust, Engagement, Interesse, Neugier, andererseits Ärger, Neid, Eifersucht, Wut, Zorn, Furcht, Depression, Kummer und Sorge wirken sich auf die Körperebene aus. Im Lebenslauf ist auf der Körperebene oft ein »weniger werden« feststellbar, nicht auf der emotionalen Ebene. Auch bei körperlich weniger werdender Kraft können wir emotional wachsen. Auch bei krankem Körper kann der Mensch sich freuen. Geragogik hat es zu tun mit der Förderung des Wachstums auf der emotionalen Dimension.

Eine weitere Dimension ist die mentale Ebene. Mit Gedanken können wir unsere Emotionen und dadurch auch unseren Körper beeinflussen. Ich kann mit Gedanken die Wirklichkeit gestalten. Geragogik fördert ein Wachstum auf der mentalen Ebene, was nicht nur positives Denken beinhaltet, sondern mit Sinn und Orientierung zusammenhängt.

Die bisherigen Dimensionen haben einen Rahmen, die spirituelle Dimension. Die Fragen, wer bin ich, woher komme ich, wohin gehe ich, bedürfen der Antwort auf der spirituellen Ebene. Hierbei geht es zunächst weniger um Religion oder religiöse Praktiken, sondern der Ansatz ist es, Sinn zu finden. Der Mensch hat für sich und sein Leben einen Rahmen gefunden hat, der ihm hilft, sein Leben besser zu verstehen. Er findet leichter einen identitätsfördernden Zugang zu den anderen Dimensionen.

Vor dem Hintergrund der Mehrdimensionalität menschlicher Identität ergibt sich die Dreifache Identität.

Wer bin ich? Zunächst wird auf diese Frage auf der sozialen Identität meist geantwortet: ich bin z. B. Single oder Vater oder Mutter, ich bin Angestellter oder Familienfrau oder Universitätsprofessor. Die Antwort bezieht sich auf die soziale Identität. Doch damit weiß ich noch nicht viel von der Person. Welche Freuden hat sie, was liest sie gern, wovor hat sie Angst, was empfindet sie für mich – Fragen nach der persönlichen Identität. Doch das ist noch nicht die letzte Antwort auf die Frage. Der römische Philosoph Epiktet wurde einmal gefragt, was der Mensch sei, und seine Antwort: Der Mensch ist ein Seelchen, das einen Körper mit sich herumschleppt. Alle Philosophien und Religionen kennen ein inneres Zentrum, sei es in der chinesischen Philosophie das TAO, sei es BRAHMAN oder das SELBST im Hinduismus, Traumpfade bei den Aborigines, die Seele, der Seelengrund, die Seelenburg in der christlichen Mystik. Bei der Antwort nach der Identität und damit bei der Identitätsförderung, in der Geragogik sind die Elemente der dreifachen Identität zu berücksichtigen.

Ken Wilber (1999) versteht den Prozess der Identitätsentfaltung als Entgrenzung. Das kleine Ich, das Ego wird erweitert durch die Annahme meines Schattens, meiner negativen Seiten. Der Körper erweitert sich, indem die Grenze zwischen Körper und Umwelt aufgehoben wird. Ich fühle mit, wenn ein Tier leidet, ein Baum gefällt wird, ein Prozess, den wir Älteren in den 50er Jahren noch nicht kannten. Die Anerkennung der dreifachen Identität erleichtert das Bewusstsein einer Einheit mit der HÖCHSTEN IDENTITÄT: Das HÖCHSTE SELBST wohnt in mir, ich bin Teil der umfassenden Energie.

Eine Geragogik, die diese Prozesse der Entgrenzung im Bewusstsein fördert, ist eine menschengerechte Wissenschaft und Praxis.

Es wird diskutiert, ob die Entwicklung der spirituellen Dimension sich auf den gesamten Lebenslauf erstreckt oder sich erst im Alterungsprozess als Reifen entwickelt. Ich würde der ersten Ansicht zustimmen. Allerdings ist für mich eine Entfaltung und Wandlung der Spiritualität im Lebenslauf gegeben, der sich phasenspezifisch erweitert. Die Phasen der Identitätsentfaltung nach Erikson werden um die spirituelle Dimension erweitert.

Hoffnung basiert letztlich auf dem göttlichen Urvertrauen, dem Bewusstsein, dass es einen übergeordneten Plan gibt, in dem ich meine Lebensaufgabe erfüllen kann. Das Gegenteil Misstrauen führt dazu, dass ich immer den »EGO-VIRUS« (Sai Baba) in Bewegung setzen muss, um mir das Vertrauen anderer zu erkaufen. Vertrauen besitzt nach Erikson »bereits einen Bestandteil, aus dem allmählich Glauben erwächst« (Erikson 1988, S. 104).

In der allmählichen Ausbalancierung zwischen den beiden Elementen eigenwillige Impulsivität und sklavischer Zwang entwickelt sich dann Willenskraft (willpower). »Der Mensch muß schon früh versuchen, das zu wollen, was möglich ist, damit er verzichtet, und in dem Glauben leben kann, daß er das will, was vom Gesetz und der Notwendigkeit her unvermeidlich ist« (Erikson 1988, S. 103). Kim da Silva benutzt hier die Begriffe »Wille – Willens sein – Willpower«. Wollen ist vielfach damit verbunden, dass ich jemand etwas wegnehme, willens sein bedeutet, ich tue, was getan werden muss und daraus entsteht die sanfte Energie, die sich durch nichts aufhalten lässt. Den Willen Gottes tun, bedeutet dann, ich folge im Vertrauen auf die höhere Energie dem göttlichen Plan und das ist nicht Kraftlosigkeit, sondern Kraft. Wille als Eigenwille kann nur auf der Ego Ebene verfolgt werden.

Willpower bedeutet dann, die Energie der nächsten Stufe im Lebenslauf, Zielstrebigkeit und Entschlusskraft. In dieser Kraft gehe ich meinen Weg, aus den Gedanken des TAO würde ich sagen »folge ich meinem Weg«, und ergreife die Initiative, ohne gegen Hemmungen und Schuldgefühle mein Ego einsetzen zu müssen.

Die Energie im Schulalter ist Kompetenz (competence). Die Eigenleistung bedeutet aber nicht eine permanente Anstrengung auf der Ego Ebene, sondern geschieht in dem von Ramana Maharsi angegebenen Maß »The difficulty is that man thinks that he is the doer. But it is a mistake. It is the Higher Power that does everything and he is the tool.

If he accepts that position, he is free from troubles« (Thus spoke Ramana, Nr. 22). Wer sich nicht bewusst ist, im Lebensplan ein Werkzeug der Höheren Energie zu sein, braucht sehr viel Ego, um sein Minderwertigkeitsgefühl zu überwinden.

Solidarität ist die Energie. Solidarität mit anderen, sich selbst, dem Kosmos führt zum Gefühl der Identität mit sich, der Umgebung. Ego wird benötigt, wenn ich anderen immer beweisen muss, wer ich sein möchte.

Liebe ist universelle Liebe, an der ich durch Beziehungen und Kommunikation, Intimität teilhabe. Alleinsein bedeutet dann All-Eins-Sein. Ego ist nötig, wenn ich im Gefühl der Isolierung mehr oder weniger krampfhaft nach besitzen-wollenden Beziehungen hasche.

Teilhabe wird deutlich in einem von dem philippinischen Heiler Mauro Ambat übermittelten Spruch: »Ich setze die allumfassenden universellen Kräfte in jeder Zelle in meinem Bewusstsein und Körper frei und halte ihn im Rhythmus des Universums. Ich weiß, das ich mein Bewusstsein und meinen Körper und die Kräfte des Universums im Gleichklang halte.« Das aber ist ein Prozess des Bewusstseins, der mich vor Stillstand und Stagnation bewahrt.

Das führt dann zur Kraft Weisheit, in der ich meine Lebenslinien, Beziehungen, Berufe, Jobs sammle (integrality bei Erikson). Das Bewusstsein von Kohärenz und Ganzheit bewahrt mich vor den Ego Haltungen von Verzweiflung, Hochmut und Dogmatismus. Weisheit bedeutet »erfüllte und gelöste Anteilnahme am Leben angesichts des Todes« (Erikson 1988, S. 78), als dem Übergang, der Rückkehr der Seele in die Heimat.

Es gibt für mich den »großen und den kleinen Plan«. Der große Plan entsteht durch den Gang der Evolution, wobei alle Religionen und Philosophien zu ähnlichen Ergebnissen kommen. Der Weg des Universums und so auch des Menschen führt von Geist, der sich in Materie involviert hat, auf dem langen Weg der Evolution zurück zum Geist. Nach Ken Wilber leben wir in der »Halbzeit der Evolution«. In den Großen Plan integriert ist der kleine Plan, der Lebenslauf des Menschen, der ebenfalls eine Rückkehr bedeutet zu seinem Ursprung.

Nun gibt es wissenschaftliche Erkenntnisse, die davon ausgehen, dass wir Menschen in unserem Lebenslauf die Stufen der Evolution widerspiegeln. Der Kindheit entspricht die archaische Zeit, Jugend ist verbunden mit dem mythischen Zeitalter und der Erwachsene spiegelt die gesamte Zeit rationalen Denkens wider. Nun gibt es in der Evolution keinen Rückgang, keine Devolution, nur einen weiteren Weg in die Zukunft. Könnte es sein, dass dieser Fortschritt darin besteht, dass das Alter vernetzt ist mit transpersonalem Bewusstsein und damit der Zukunft des Bewusstseins den Weg ebnet? Dann könnte es in 1000 Jahren heißen in Anlehnung an Bede Griffiths (1990), der für den Übergang zum Zeitalter der Sesshaftigkeit darauf hingewiesen hat, dass damals die Menschen viel freie Zeit hatten, wohlhabend waren und diese neue freie Zeit genutzt haben, um wichtige Kulturwerte und damit eine neue Wirklichkeit zu schaffen, wie die Kunst des Schreibens, das Alphabet, den Kalender und die Astronomie:

Am Beginn des 3. Jahrtausends gab es eine Zeit, in der 40% der Bevölkerung ältere Erwachsene und alte Menschen waren. Sie haben die neu geschenkte Zeit nicht vertrödelt, sondern ihre Kompetenzen genutzt und damals sind entstanden: ... wir wissen es heute noch nicht, aber wir sind die ersten Pioniere, die in diese Richtung denken können, und die Geragogik ist dabei ein wesentliches Element.

Für den Bereich kirchlicher Altenbildung geht es hierbei um die »Pastoralgeragogik«, die in Zukunft wie selbstverständlich ein Bestandteil der Theologenausbildung und der kirchlichen Weiterbildung sein wird. Johannes Bours hat aufgezeigt, dass für ihn die Gestalt des Abraham Reifen und Altern verwirklicht. Abraham bleibt nicht stehen, er zieht im Alter neuen Ufern, neuen Erfahrungen, neuen Erkenntnissen, neuen Erweiterungen entgegen. Wachstum und Reifung sind mit dem Alternsprozess verbunden. (Johannes Bours 1987, bearbeitet von Veelken 1990, S. 109)

III

Geragogik
als intergenerationelles Programm

Lebenslanges Lernen ist generationsübergreifendes, intergenerationelles Lernen.

Die Trennung der Generationen in verschiedenen Lerngruppen entspricht nicht dem natürlichen Zusammenleben in der Natur. Die Aufgabe einer zukünftigen Bildungs- und Kulturarbeit besteht darin – neben Lernformen für nur eine Generation –, die Bildungsinstitutionen der einen Generation für die jeweils andere Generation zu öffnen, um einen gemeinsamen Prozess der Enkulturation und Neuinterpretation von Kultur zu gewährleisten, ohne den eine sinnvolle Zukunftsgestaltung nicht möglich ist.

Probleme und Chancen liegen dabei in der je verschiedenen Kompetenz. Die Erfahrung der Älteren muss mit dem Zukunftsgespür der Jüngeren vernetzt werden.

13 Jung und Alt als natürliches Phänomen

Jung und Alt

Folie 13

In fast allen Feldern der Begegnung und Arbeit mit älteren Erwachsenen – Sportgeragogik, geragogische Rehabilitation mit Hörbehinderten, Erlebnisgeragogik – begegnen in der Regel jüngere Menschen als Kommunikationsberater, Reiseleiter, Sportlehrer, Bewegungsberater, Sprachtherapeuten älteren Erwachsenen. Für diese spezielle Form intergenerationellen Lernens und Lehrens gibt es besondere Elemente, die die Begegnung fördern und die Arbeit erleichtern. Einige Aspekte dazu sollen dargestellt werden.

Schauen wir in die Natur, da stehen junge und alte Bäume nebeneinander. Das ist ganz normal. Die älteren sind keine andere Art Bäume, nur eben Laubbäume, die schon länger wachsen. Das Wachstum ist natürlich. Ältere Bäume haben schon mehr Erfahrung vom Waldleben, jüngere bekommen die Erfahrung von neuen Situationen im Wald.

Wir können dieses Bild auf Jung und Alt übertragen. Es ist normal, dass ältere und jüngere Menschen miteinander leben. Keine Gruppe müsste ausgegrenzt werden, ältere Erwachsene wechseln nicht ihr Menschsein, sie werden keine anderen Lebewesen, sondern sind einfach Menschen, die länger gelebt haben. Jüngere wachsen zu Älteren heran. Altern ist ein Wachstumsprozess, der das ganze Leben andauert. Ältere Menschen haben mehr Erfahrung vom Leben, Jüngere haben mehr Gespür für das, was gerade »in« ist, was modern ist, wo die Zukunft hinführt, wo die augenblicklichen sozialen Probleme liegen.

Wenn ich Filme sehe über Steppenlandschaften oder den Dschungel, finde ich nirgendwo Schilder: »Nur für alte Löwen«, »Nur für junge Elefanten«, »Nur für alte Schlangen«, »Nur für kleine Tiger« – Diese Einteilung und Abgrenzung haben wir Menschen geschaffen: Garten für Kinder/Kindergarten, Heim für Ältere/Altenheim, Schule für Junge, Begegnungsstätten für Alte. Im Sinne intergenerationeller Begegnung, die der Natürlichkeit des Lebens entspricht, besteht die Aufgabe darin, die Einrichtung für die eine Generation für andere Generationen zu öffnen. Öffnung der Hochschulen für Ältere. Öffnung der Kindergärten und Schulen für Ältere, Öffnung der Altenheime und Altenbegegnungsstätten für Jüngere. Die Mitglieder der jeweils anderen Generation sind Teilnehmer an Veranstaltungen, in denen ihre spezielle Kompetenz eingebracht werden kann.

14 Lebenslauf und Geschichte

Individualisierung und Pluralisierung von Lebenswelten

»Generationen« im Alter von 15 Jahren

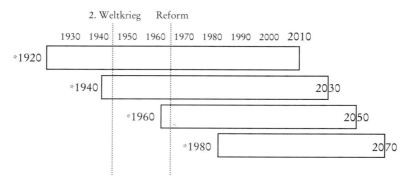

Veränderungsbereiche:
- Lebensstil
- Politische Einstellung
- Religiöses Verhalten
- Liebe, Partnerschaft und Sexualität
- »Werte«

Folie 14

Die Frage der Generationen steht im Kontext der Entwicklung in Kultur und Gesellschaft.

Der Prozess der Sozialisation geschieht in jeweils konkret-historischer Zeit. Diejenigen, die in einer bestimmten Zeit leben, stehen unter dem jeweiligen Austausch mit Kultur und Gesellschaft, wobei es von unterschiedlicher Wichtigkeit ist, in welchem Alter diese Prägung stattfindet.

Wer etwa in den zwanziger Jahren geboren wurde, hat die Kindheit mit den Erlebnissen der Nachkriegszeit und der Weimarer Republik erlebt, seine Jugendzeit in der NS-Zeit durchgemacht, mit entsprechenden Erlebnissen in HJ und BDM-Gruppen und war am Beginn seines Erwachsenenalters zur Zeit des Endes des zweiten Weltkrieges. Die männlichen Jugendlichen haben in ihrer Jugendzeit noch die Kriegserlebnisse gehabt oder haben als Soldaten ihre Jugendzeit verbracht. Sie waren es, die das Wirtschaftswunder vollbracht haben und sind zum Beginn der ersten Ausläufer der Rezession und Massenarbeitslosigkeit in den Ruhestand versetzt worden – die etwas jüngeren von ihnen haben Vorruhestandsregelung erlebt.

Die etwa 1940 Geborenen haben die Nazizeit nur noch als Kinder erlebt, aber ihnen sitzen die Schrecken der Bombennächte und die Notzeiten der Nachkriegszeit noch »in den Knochen«. Jugendliche waren sie in den 50er Jahren und erlebten die Rigidität und Eingeschränktheit dieser Zeit. Für viele war die Erfahrung der 68er Jahre – sie suchten als Dreißigjährige vielleicht gerade nach neuen Wegen und Zielen – ein wichtiger Einschnitt, ein neuer Aufbruch.

Die in der Jugendzeit erfahrenen Werte wurden durch antiautoritäre Bewegung, sexuelle Revolution, politischen Sichtwandel, religiösen Aufbruch gleichsam auf den Kopf gestellt. Während die Generationen vor ihnen als Fünfzigjährige meist schon zu alt für einen Einstellungswandel waren, haben sich für sie vielfach große Veränderungen ergeben im persönlichen Lebensstil, im politischen und religiösen Einstellungen und im Verhalten in Partnerschaft, Liebe und Sexualität.

Die Generation der 1960 Geborenen hat wiederum ganz andere Prägungen erfahren. Die Kindheit war beeinflusst von einer antiautoritären Bewegung. Vieles, was für die Generation vor ihnen verboten war, war jetzt gang und gäbe, als Jugendliche erlebten sie den Beginn der Rezession. Der Arbeitsplätzemangel wurde spürbar. Wenn sie alt sind, werden sie zur Gruppe der 40% älteren Erwachsenen in der Gesellschaft gehören, worunter sie sich jetzt noch nichts vorstellen können.

Wer 1980 geboren wurde, hat in der Kindheit nicht mehr den Überfluss erlebt. Aber eine neue Vielzahl von Gütern, Möglichkeiten, Abenteuern und Erlebnissen stehen ihnen grundsätzlich offen. Gleichzeitig werden sie groß mit den Erfahrungen der ökologischen Krise. Wenn sie zum Studium gehen, ist ihnen ein Arbeitsplatz nicht mehr sicher. In der eigenen Familie erleben sie die Auswirkungen der Patchwork-Family, im eigenen Leben die »Lebensabschnittspartner«, den Wechsel der aufeinander folgenden Zeitjobs. Viele von ihnen bleiben Singles und werden möglicherweise auch als Singles alt werden.

Die Jugendzeit ist die Zeit der Gegensozialisation, die verschiedenen Jugendkulturen haben die Werte und Einstellungen der Gesamtgesellschaft verändert. Zur Frage der Generationen gehört auch, dass in früheren Zeitepochen, als der soziale Wandel noch nicht mit einer derartigen Geschwindigkeit vor sich ging, die Generation der Älteren die abtretende Generation war, während die Generation der Jüngeren die neu eintretende Generation war und für sozialen Wandel, Veränderung der Werte und Einstellungen und Verhaltensweisen sorgte. In Zeiten dynamischen Wandels muss diese Sicht relativiert werden. Die ganze Gesellschaft passt sich der Subkultur der Jugendlichen an. Von weitem ist oft nicht zu unterscheiden, ob ein Mann oder eine Frau, ein Jüngerer oder ein Älterer sich den Jogging-Anzug angezogen hat. Das hat Konsequenzen für den gesamten Freizeit-Bildungs-Kultur-Reisebereich und zeigt sich im Verhältnis der Generationen zueinander.

»Mit 17 hat man noch Träume« – so lautete der Titel eines Seminars im Sommersemester 2001. Zu Beginn wurden Beispiele für die Frage gesucht: »Was war wichtig in meinem Leben, als ich 17 Jahre alt war?« Einige Beispiele aus den Antworten sollen den Zusammenhang zwischen Lebenslauf und soziohistorischem Augenblick konkretisieren.

Jahrgang 1928

Der 1939 begonnene Krieg wurde ab 1942/1943 zunehmend auf die Zivilbevölkerung ausgedehnt (Bombenangriffe). Unser Leben spielte sich stundenlang im Keller oder im Bunker ab. Wir wurden eingesetzt bei der Bergung der Bombenopfer und deren Beisetzung in Massengräbern.

1944 folgten sechs Wochen Wehrertüchtigungslager. Dieses diente der Vorbereitung auf den Waffengebrauch und dem soldatischen Einsatz. 1945 nochmals eine Woche Ausbildung an der Panzerfaust, der Pistole, der Maschinenpistole und am Maschinengewehr. Daran anschließend war ich mit 16 Jahren Leiter einer Unterkunft für Ausgebombte. 1945 – ich war 17 Jahre alt – erhielt ich dann die Einberufung zur Wehrmacht. Mein Fronteinsatz begann am 16. April 1945. Ich nahm mit der 9. Armee am Endkampf zwischen Frankfurt/Oder und Berlin teil. Während dieser Kämpfe wurde ich verwundet – fünf Wochen Lazarettaufenthalt. Etwa die Hälfte meiner gleichaltrigen Kameraden sind gefallen. Kurz vor der bedingungslosen Kapitulation geriet ich in sowjetische Gefangenschaft. Hier erkrankte ich an Ruhr und war verlaust und verwanzt. Die Entlassung aus der Gefangenschaft erfolgte August 1945. Von den Sowjets wurden alle unter 18 Jahre alten Gefangenen entlassen. Wir waren schnell junge Erwachsene geworden.

Jahrgang 1932

Januar 1950. Vati tot (mit 44 Jahren – leberkrank). Da er eine gehobene Position mit Dienstwohnung hatte, brach jetzt nach seinem Tod wirtschaftlich alles zusammen. Das Internat war nicht mehr bezahlbar; ich musste arbeiten. Ich war mittlerweile 17 Jahre; die Jugend war vorüber.

Jahrgang 1936

1952 war meine Konfirmation, die erste große Familienfeier, auf der es Kuchen satt gab – und dazu noch verschiedene Sorten. Ich war damals 16 Jahre alt. Essen hatte durch die Hungerjahre einen großen Stellenwert. Ich erlebte in den Jahren meine ersten kleinen Fahrten und Reisen, mit der Gruppe ins Zeltlager und in Jugendherbergen (Turnverein, evangelische Jugend, Schule) – alles große Erlebnisse. Das andere Geschlecht, Jungen fingen an, eine Rolle zu spielen. Die ersten Küsse, die ersten »Lieben« und der dazugehörige Liebeskummer, waren Gefühle, mit denen ich mich auseinandersetzen musste. Selbst meine erste »große Liebe« ging wegen meines verkehrten Gesangbuches (er katholisch, ich evangelisch) auseinander. Das war schlimm. Aber im Grunde habe ich die Zeit meines Erwachsenwerdens als sehr schön in Erinnerung mit den kleinen Problemchen, die das Kennen lernen des anderen Geschlechts so mit sich bringt. Meine ersten »Erfolge« als Mädchen und auch der obligatorische Tanzkurs gehören zu den schönen Erinnerungen. Nach der besch... Kindheit eine schöne Jugend.

Nur an eines erinnere ich mich noch genau, ich wollte heiraten und Kinder haben – aber keine Jungen. Zu oft hatte ich gehört und gelesen, dass die mit 16/18 Jahren in den Krieg mussten und nicht mehr wiederkamen, gefallen waren (auch ein Wort, mit dem ich als Kind nichts anfangen konnte). Und zwischen den beiden Weltkriegen lagen schließlich nur 21 Jahre. In den 50er Jahren steckte mit Sicherheit noch viel Angst vor einem neuen Krieg in mir.

Jahrgang 1967

Es ist schwer für mich, die Erinnerungen speziell auf diesen Zeitraum einzugrenzen. Zu Beginn dieses Zeitraumes (1984) gab es die Gruppierungen Popper und Punker. Die Popper versuchten, dazu zugehören, waren in der Überzahl. Mit den Punks verbanden wir die Jugendlichen, mit denen ich zusammen war. »No Future«, Alkohol, Chaos, Schlägereien usw. Die Popper waren die Schönen, die Sunny-Boys. Im Laufe der Zeit kamen immer mehr Gruppierungen ans Tageslicht. Erst die »Öks«, vornehmlich Mädchen, die strickend im Unterricht saßen. Als markantes Merkmal fällt mir dazu die Jute-Tasche ein, die von beiden Geschlechtern getragen wurde. Es gab auch die »Teds«: Kleidung der 50/60er Jahre, Tolle und die entsprechende Musik, welche heute noch gern gehört wird. Mir fällt aber auch ein, dass erste politische Aktivitäten stattfanden. »Atomwaffenfreie Zone« war eines der Schlagworte. Es gab Projektwochen über Frieden, Sitzstreiks am Gymnasium. Wir fanden es gut, aber häufig nur, weil der normale Schulbetrieb ausfiel. Zwischen all diesen Gruppen gab es auch noch die »normalen« Jugendlichen.

Heute, 10-15 Jahre später, muss ich sagen, ich verstehe die heutige Jugend nicht so ganz. Was ich früher nie verstehen konnte, trifft heute auf mich selber zu. Vermutlich geht dies allen älter werdenden Generationen so. Heute ist man noch mitten im Geschehen und morgen fährt der Zug an einem vorbei und man steht nur noch grübelnd am Bahnsteig. Ganz so schlimm ist es noch nicht, aber man muss wirklich aufpassen, dass man nicht vergisst, dass man auch einmal jung war und wie die Jugend gewesen ist. Dabei steht der rosa Schleier der Vergangenheit manchmal etwas hinderlich im Weg.

Für die Jahrgänge 1965-1970 waren die Kennzeichen: Turnschuhe, Neue Deutsche Welle, Pink Floyd »The Wall«, Ostermärsche, Heißer Herbst, Ohrringe bei Jungen, Aids wurde erstmals problematisiert, keine Aussicht auf Lehrstellen, »Null Bock«, Alkohol und Drogen.

Jahrgang 1970

An nicht private Ereignisse kann ich mich in der Zeit nicht erinnern. Anfang der 80er Jahre gab es so etwas wie eine Nah-Ost-Krise, und ich weiß, dass es damals beinahe zu einem Krieg kam. Ach ja, als John Lennon 1980 starb, heulten alle Mädchen in meiner Klasse, ich auch! Von 1982-1984 war ich Howard Jones-Fan und es drehte sich alles nur um ihn. Ende der 80er kam es zum Gemetzel auf dem Platz des Himmlischen Friedens in China. 1989 war die Öffnung der deutsch-deutschen Mauer. Seitdem sind wir eine »Einheit«.

Jahrgang 1970

Als ich 17 war ... das war im Jahre 1987 der Fall. Ich habe komischerweise wenige Erinnerungen an diese Zeit. Kein herausragendes privates Ereignis, keine spektakulären weltpolitischen Entscheidungen, nichts. Stärkere Erinnerungen verbinde ich nur mit stärkeren emotionalen Ausschlägen (sprich: Liebesgeschichten) – da war in jenem Jahr aber tote Hose.

Im Frühjahr des Jahres 1986 bewegte Tschernobyl ziemlich viel. Es beherrschte tage- und wochenlang die Medien und auch mein Leben. Zum ersten Mal wurden uns die Grenzen des technisch-Machbaren aufgezeigt. Meine meisten Erinnerungen beziehen sich auf meine Schulzeit – der tägliche Kampf mit untauglichen, pädagogisch inkompetenten Mathelehrern, vergreisenden Deutschlehrerinnen etc. In der Freizeit bzw. am Wochenende war es dann ziemlich cool, zusammen mit dem führerscheinbesitzenden Freund die Diskotheken anzusteuern, natürlich mit bis zum Anschlag aufgedrehtem, meist schepperndem Sound bietenden Kassettenradio.

Ach ja, da waren noch die ersten Urlaube ohne Eltern – aufregend, lehrreich, und immer gut. Zum Ende meines 17. Lebensjahres ein weiterer kleiner Höhepunkt: der Führerschein. Für mich und viele Freunde die Verheißung von Freiheit und Mobilität, gerade auf dem Land.

Die Musik kann ich nicht speziell an einem Jahr festmachen. Sie ist und war eher gekoppelt an bestimmte Zeiträume, die nicht in Lebensjahre eingeteilt waren, z. B. Urlaubszeit oder Partys.

Jahrgang 1975

Meine beiden Großväter sind im 2. Weltkrieg gefallen. Erzählungen über diese Zeit damals waren bei uns sehr häufig. Beide Seiten tauchten auf: In der Familie von meinem einen Großvater war man den Ideen Hitlers durchaus nicht abgeneigt und vom Krieg wurde auch Jahre später, vor meinem Bruder und mir, ab und zu mit leuchtenden Augen berichtet. Doch bei uns konnten diese Erzählungen nicht fruchten – durch das Leben meiner Oma und ihrer Schwestern waren wir sensibel geworden für diese Zeit. Meine Großtante war politisch aktiv – nicht sehr, aber es reichte, um ihr ein paar Jahre Gefängnis aufzudrücken. Meine Oma musste für ein paar Monate ins Ausland gehen, und mein Urgroßvater hatte stark zu leiden unter den starken Sanktionen, die seiner Tochter wegen gegen ihn verhängt wurden.

Es muss eine Generation einfach prägen, wenn man schon während der Schulzeit das Gefühl nicht loswird, dass die Gesellschaft besser dastünde, wenn es einen gar nicht gäbe; die Universitäten überfüllt, keine Arbeitsstellen, kein Platz zu bauen, die Städte überfüllt, das Land überfüllt, die Welt überfüllt. Die Beschäftigung mit der Geschichte und der Biologie hat mich aber beruhigt: wenn man sich die großen Dimensionen klar macht, die Evolution und die Geschichte der Menschheit, kann man eigentlich davon ausgehen, dass auf irgendeine Weise die Natur regulierend eingreifen wird – durch Seuchen, Kriege o. ä. Und diese Vorstellung hat mir eigentlich Ruhe gegeben.

Und obwohl niemand Diplom-Pädagogen braucht, studiere ich dieses Fach, weil ich weiß, dass in vielen Ländern Menschen gebraucht werden, die helfen, ob in Waisenhäusern in Rumänien oder in Schulen in Afrika. Und da kann es nicht schaden, wenn man weiß, was man da tut. Ohne die Vorstellung, dass ich selber etwas vollbringen werde, einer geheimnisvollen Behinderung auf die Schliche kommen z. B., könnte ich mir das Studium nicht vorstellen. Jeder muss von sich überzeugt sein, denn sonst könnte man es ja gleich sein lassen.

Jahrgang 1977

Für mich stand die Schulzeit im Internat im Mittelpunkt. Es war die Nachwendezeit. Der Golfkrieg begann und wenn auch die große Distanz beruhigte, gab es doch die Angst vor »Überschwappen« des Krieges. Es begann eine höhere Sensibilität gegen den Rechtsradikalismus. Die Entdeckung der Identität war ein wichtiges Thema. Die Jugoslawien-Krise brachte den Krieg wieder näher. Für mich aus der Sicht einer ehemaligen DDR-Bürgerin gab es ziemliche Veränderungen: Kapitalismus als Bedrohung (Arbeitslosigkeit, Steigerung der Nebenkosten), Zerfall des Ostblocks und ein Gefühl der Zersplitterung.

15 Felder intergenerationeller Programme

Felder intergenerationeller Programme

I   Alt   ⟶   Jung
      LehrerInnen   ⟶   SchülerInnen
      Alten MitarbeiterInnen   ⟶   Schule
                                       Kindergarten
                                       ausländische Kinder
                                       Jugendarbeit

II   Jung   ⟶   Alt
      Jüngere   ⟶   Bildungsarbeit
                                       Pflege
      Jüngere   ⟶   Altenheim
                                       Altenzentrum
                                       Alzheimer Patienten
                                       Neue Medizin

III   Alt   +   Jung
        Gemeinsames Lernen
        Gemeinsame Umweltarbeit
        Gemeinsame Friedensarbeit

Folie 15

Für alle Felder intergenerationeller Begegnung gilt, dass sich mehrere Generationen gegenüberstehen. Altern bedeutet Reifen und Wachsen, eine Zunahme an Differenzierung, eine zunehmende Entfaltung von Kompetenzen und Potentialen, ein Anwachsen des Erfahrungsschatzes. In vielen traditionellen Institutionen ist diese Erfahrung verbunden mit Macht und Herrschaft. Doch in Institutionen, die dem Prozess des Modernisierungsprozesses entsprechen, gilt, dass je schneller sich kulturelle und gesellschaftliche Entwicklung weiterbewegt, je mehr nicht Vergangenheit sondern Zukunftsbezogenheit an Bedeutung gewinnt, die Erfahrung des Alters an Bedeutung abnimmt und damit auch die Vorrangstellung im Machtgefüge einer Institution weniger wird. Gerade in vielen Bereichen der modernen Industrie gilt, je länger der Mensch lebt, umso überflüssiger scheint er zu werden und wird in den Vorruhestand versetzt.

Doch hier ist ein Umdenken zu beobachten. In vielen Bereichen wird die Kompetenz der Älteren wieder genutzt, da die Älteren in der Lage sind, Jüngeren – in Firmen, Schulen, Agenturen gesellschaftlichen Engagements, in Lernenden Regionen, bei Übergängen im Lebenslauf – wertvolle Partner werden zu können.

Jung und Alt begegnen sich zunächst in der Familie. Großeltern, Eltern und Kinder leben zwar meist nicht mehr unter einem Dach zusammen, haben aber doch Kontakt miteinander. Wie sieht das außerhalb der Familie aus?

Alt trifft Jung

- In Schulen werden Kinder meist von älteren LehrerInnen unterrichtet,
- in Universitäten sind die meisten DozentInnen älter als die StudentInnen,
- neuerdings – und da beginnt es spannend zu werden – arbeiten Ältere auch in Kindergärten und Schulen begleitend mit, wie es in den USA schon lange üblich ist.

Jung trifft Alt

- Jedes Altenheim ist ein »Jung und Alt-Heim«. Jüngere Altenpflegerinnen und Altenpfleger und ältere Menschen,
- in einigen Altenheimen und Altenbegegnungszentren ist es üblich geworden, dass Kinder und Jugendliche – nicht nur zur Weihnachtszeit – Kontakt mit alten Menschen aufgenommen haben und sie besuchen,
- aus den USA sind Beispiele bekannt, in denen Kinder bei Alzheimerpatienten zur Verbesserung der Lebenssituation beigetragen haben.

Jung und Alt zusammen

- Eine Erfahrung, die in Bürgerinitiativen und Demonstrationsgruppen – etwa in Gruppen von AKW-Gegnern – selbstverständlich geworden ist,
- an vielen wissenschaftlichen Hochschulen, z. B. seit 20 Jahren an der Universität Dortmund, lernen und studieren Jüngere und Ältere zusammen.

16 Senioritätsprinzip und Modernisierungsprinzip

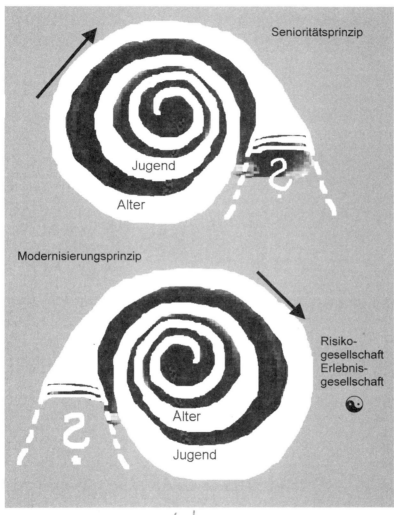

Folie 16

Die Zusammenarbeit und der Kontakt zwischen den Generationen war in traditionellen Gesellschaften kein Problem. Die Älteren wussten um die Regeln in Kultur und Gesellschaft, sie wussten, wie die Nahrungssuche am besten geregelt wurde, wie der Haushalt zu führen war, wie Erziehung vor sich ging. Sie hatten das absolute Recht, ihre Erkenntnisse auch durchzusetzen. Die Gesellschaft funktionierte durch das Senioritätsprinzip. Die Zeiten, in denen die Eltern gesiezt wurden, sind ja auch in Deutschland noch nicht so lange her. In Indien, China, auf den Philippinen, in Korea u. a. etwa gilt das Senioritätsprinzip. Die Alten hatten das Wissen und damit die Macht.

Dieses Gefüge hat sich verändert. Zunächst hängt das damit zusammen, dass die Lenkungsmechanismen der Gesellschaft – Tradition, Autorität und Institution – hinterfragt werden und dass im Zuge von Pluralisierung, Subjektivierung und Säkularisierung automatische Erziehungswege nicht mehr gegangen werden können.

Es hat aber auch wesentlich zu tun mit dem Sozialen Wandel. In Zeiten, in denen Wandel so langsam vor sich ging, dass er innerhalb einer Lebensspanne nicht bemerkt wurde, waren die Älteren als Wissende gleichzeitig diejenigen, die aus ihrer Erfahrung ihr Wissen schöpfen konnten. Heute ist das anders. Dem Senioritätsprinzip folgt das Modernisierungsprinzip. In vielen Bereichen der Gesellschaft und Kultur – so nicht nur bei den neuen Informationswegen und Medienvielfalt – kann das Wissen nicht mehr aus der Erfahrung gezogen werden. Im Gegenteil, wer aus der Erfahrung argumentiert oder lebt, ist schon veraltet, weil sich der Kontext in so dynamischer Schnelligkeit verändert hat. Das Wissen muss aus jeweils neuem Lernen gezogen und gewonnen werden. Neben dem Lernen in der Erstausbildung ist die Weiterbildung notwendiger Bestandteil der Wissensaneignung in der Lerngesellschaft. Die Älteren sind die Veralteten, wenn sie nicht durch Lernen sich auf den neuesten Stand bringen, die Jüngeren, die keinerlei Erfahrungen haben, von Erfahrungen nicht beeinflusst werden, wachsen in den neuen Kontext hinein – die Kids werden mit Computer, Internet und Robotern groß – und sind die Wissenden, wenn sie lernen.

Wie lässt sich dieser Konflikt nun lösen?

Die Lösungsmöglichkeiten kann man sich in zwei Spiralen vorstellen. Bei der einen Spirale, die die traditionelle Gesellschaft darstellt, wachsen die Erfahrungen und damit das Wissen und damit die Macht mit dem Lebenslauf mit (Veelken 1998).

Der Beginn der 1. Spirale des Senioritätsprinzips ist die Kindheit und Jugend, das Ende das Alter. In vielen Bereichen der Gesellschaft – Politik, Kirchen, Gewerkschaften –, die nach traditionellem Muster arbeiten, gilt das noch heute. In einem Alter, indem in anderen Berufszweigen die Älteren mit etwa 50 Jahren aus dem Beruf ausscheiden, ist man für viele Posten und Funktionen in diesen Bereichen noch zu jung. Es gilt weiter das Senioritätsprinzip.

In anderen Bereichen – und das zeigt die zweite Spirale – wächst das Wissen mit dem Jüngerwerden, gleichsam gegen den Lebenslauf. Wer länger lebt, hat zwar eine große Erfahrung, aber sie kann vielfach nicht mehr genutzt werden, weil sie veraltet ist. Wer noch nicht so lange lebt, ist auf dem neuesten Stand, hat das Wissen und die Macht. Es gilt das Modernisierungsprinzip.

In vielen traditionellen Bereichen wird gerade heute der Kampf zwischen den beiden Prinzipien ausgefochten. Wahlen etwa dienen oft zur »Verjüngung«, die mit Verbesserung gleichgesetzt wird. Aber das geht nicht automatisch. Das Bild der Spiralen macht noch auf ein zweites Merkmal aufmerksam. Junge und Alte sind beide Teile des Ganzen, beider Spiralen. Wenn nun eine Gruppe von beiden sich für das Ganze hält, entsteht eine ungesunde Situation. Entweder – wenn die Jüngeren sich für das Ganze halten – geschieht etwas, was auf einem neuesten Stand ist, aber es geschieht ohne jede Erfahrung, ohne an das Vorherige anzuknüpfen. Der Strom des Lebens wird gleichsam unterbrochen. Wenn die Älteren sich für das Ganze halten, entsteht Stillstand. Denn aufgrund früherer Erfahrungen sollen heute Entscheidungen getroffen werden, ohne dabei das neueste Wissen zu nutzen. Erst, wenn beide Gruppen sich als Teile des Ganzen verstehen, wenn die Älteren zwar um ihre lange Erfahrung wissen und sie durchaus schätzen, aber nicht darauf beharren, sich darin festbeißen, diese Erfahrung mit neuestem Wissen verbinden – durch Lernen! – wird Erfahrung nutzbar. Erst, wenn die Jüngeren sich als Teile des Ganzen fühlen, neben ihrem neuesten Wissen die Erfahrungsschätze der Älteren nutzen – am besten durch gemeinsames Lernen mit Älteren – können sich Neu und Alt, Jung und Alt für die Zukunftsbewältigung vernetzen.

Zusammenfassend kann festgestellt werden:
1. Es gibt abtretende, bleibende und neu hinzukommende Generationen. Es ist natürlich, dass das Leben des menschlichen Organismus einen Anfang und ein Ende hat. Es gibt Leben und Tod und eine begrenzte, zahlenmäßig erfassbare Lebensdauer und den Prozess des Reifens (Alterns). Die Generation der Älteren wird vielfach als beharrende, konservative Generation angesehen, während die Jüngeren als die Stürmer einer neuen Zeit Wandel und Veränderung bewirken. Unter diesem Gesichtspunkt könnte die Geschichte der Revolutionen und Erneuerungsbewegungen untersucht werden. Demnach müsste eine Kultur und Gesellschaft, in der die Zahl der Älteren zunimmt, mehr und mehr beharrende Funktionen und Merkmale bekommen. Das aber ist genau in unserer Zeit des Wandels und der Modernisierung, der Dynamik und der Patchworkkultur – interkulturell und intergenerationell – nicht der Fall.
2. Gleichzeitig aufwachsende Menschen erfahren in der Zeit ihrer größten Beeinflussbarkeit – im Jugendalter – dieselben leitenden Einwirkungen, von Seiten der Kultur und der gesellschaftlich-politischen Zustände. Für unsere dynamische Gesellschaft gilt aber: Die Generationen »verflüssigen« sich (Ferchhoff). Vor dem Hintergrund und in der Dynamik des Modernisierungsprozesses verschwinden immer mehr die Unterschiede zwischen den Generationen, die Grenzen verwischen.
Während früher alle etwa 30 Jahre eine neue Generation der älteren folgte, ist dieser Generationenübergang fließender geworden. Es gibt schon noch die Unterschiede, insoweit sie durch verschiedene Kindheits- und Jugendprägung hervorgerufen wurden, aber in der Jetztzeit scheinen sich die Generationen auf einem gemeinsamen Nenner zu treffen.
3. Das Prinzip heißt »Jugendlichkeit«. Erlebnisgesellschaft, Spaßgesellschaft, Wissens- und Freizeitgesellschaft wird mehr mit Jugend verbunden als mit Alter. Aber ihre Strömungen und Elemente sind derart gravierend, dass alle Generationen davon beeinflusst sind.
4. Einerseits wird Generationsgleichzeitigkeit im konkreten Lebenslauf zu einem Innerlich-Bestimmtsein und der Generationsabstand wird als innerlich jeweils unterschiedliche Zeit erfahren, als eine spezifische Art des Denkens und Erlebens. Jeder lebt mit Gleichaltrigen

und Verschiedenen in einer Fülle gleichzeitiger Möglichkeiten. Für jeden ist die gleiche Zeit eine andere Zeit, die er nur mit verschiedenen Generationen teilt. Es ist die Ungleichzeitigkeit in der Gleichzeitigkeit.
5. Das Problem liegt in der gleichzeitigen Verschränkung von Senioritäts- und Modernisierungsprinzip. Dem Senioritätsprinzip gemäß gilt, dass die Jüngeren die Älteren ehren sollen, weil die Älteren aufgrund ihrer Lebenserfahrung und Kompetenz die natürlichen Lehrer, Priester, Medizinmänner und weise Frauen sind. Dem Modernisierungsprinzip gemäß aber gibt es zunehmend Lebensfelder, Techniken, Kenntnisse, in denen der Ältere sich nicht mehr auskennt und die Jüngeren zu Lehrern der Älteren werden.
6. Die Generationen der Jüngeren und Älteren bekommen einerseits immer mehr Eigendasein durch die Verlängerung der Ausbildungsphase bei den Jüngeren und der nachberuflichen/nachelterlichen Phase bei den Älteren, andererseits werden die Unterschiede vor dem Hintergrund der Veränderungen in Kultur und Gesellschaft immer unwesentlicher, so dass von einer Verwischung der Grenzen zwischen den Generationen gesprochen wird. Jugendpädagogik, Kinderpädagogik und Altenarbeit, Geragogik, vernetzen sich immer mehr zusammen vor dem Hintergrund einer umfassenden Lebenslauftheorie. Die Eltern sind nicht mehr die einzigen Erzieher, Medien und Konsumindustrie übernehmen mehr und mehr diese Rollen. Ein neues Lernsystem ersetzt ein älteres. Die Kinder entwickeln ein Wissen – etwa im Bereich neuer Medien –, das die Älteren noch nicht haben konnten, die Älteren können von den Kindern lernen. »Jugendlichkeit« in Freizeit, Konsum, Reisen, Sport wird zur gemeinsamen Klammer. Eine verbesserte Hilfe in Kinder- und Jugendarbeit ist verbunden mit einer komplexeren Weiterbildung im Alter, damit sich beide Gruppen weiterhin miteinander unterhalten können und an gemeinsamen Projekten arbeiten können.
7. Die Veränderungsprozesse entwickeln sich vor dem Hintergrund eines neuen europäischen Bewusstseins. Ältere Deutsche, die vor 50 Jahren die umliegenden Staaten als Feindesland erlebt haben, beginnen zunehmend innereuropäisch zu reisen. Nordeuropäer zieht es mehr und mehr zum Leben oder »Überwintern« in südeuropäische Länder. Individualisierung und Pluralisierung der Lebenswelten

werden immer mehr zum Kennzeichen eines neuen europäischen Bewusstseins. Kinder und Jugendliche erleben ohne diese Vergangenheitserfahrung durch gemeinsamen Urlaub und Sommercamps in Europa, Ältere in Reisen und Tourismus ein geeintes Europa, das begleitet wird von einem neuen Weltbewusstsein. Vor dem Hintergrund des strukturellen Wandels können neue Formen und Modelle des Miteinanders der Generationen entstehen.

17 Wertewandel bei Jung und Alt

Werte und Wertewandel

Ein wichtiges Element im intergenerationellen Dialog ist die unterschiedliche Wertvorstellung der verschiedenen Generationen.

In einer Untersuchung, die ich mit dem Freund und Kollegen Dr. N. K. Chadha, Delhi, durchführte, wurden in Delhi an der Delhi University und in Dortmund an der Universität Dortmund 30 Jüngere und 30 Ältere befragt nach den für sie wichtigsten Werten, nach den traditionellen und den modernen Werten.

Im Rahmen einer solch kleinen Untersuchung als Teil eines indogermanischen Forschungsvorhabens können nur erste Trends erkannt werden, es wird aber deutlich, dass Werte sich sowohl in der Verschiebung von West nach Ost als auch in der Verschiebung von Alt nach Jung verändern: Wertewandel in Raum und Zeit.

Bevor Ergebnisse der Untersuchung dargestellt werden, sollen einige theoretische Grundlagen zur Thematik von Werten und Normen angeführt werden.

Werte sind ein in einer Kultur spezifischer Orientierungsrahmen, der Gegenseitigkeit und Regelmäßigkeit des sozialen Handelns realisiert. Gleichzeitig leisten Werte die Aufgabe, Gegensätze und Konflikte zu erkennen. Nach dem jeweiligen Wert kann beurteilt werden, ob jemand »richtig« handelt, erlebt, fühlt, denkt oder nicht.

Werte sind historisch gewachsen, unterliegen dem Gesetz Sozialen Wandels, der Veränderung in Kultur und Gesellschaft. Sie sind Ergebnissen der sozioökonomischen Grundlage einer Gesellschaft und bestimmen die soziale Struktur. Dadurch sind Werte gleichzeitig ideologische Legitimierungsinstrumente zur Sicherung und zum Aufbau von Herrschaft.

Werte werden im Prozess der Sozialisation durch Weitergabe im Erziehungs- und Bildungsprozess dem einzelnen Mitglied einer Gesellschaft, Institution oder Gruppe vermittelt. Sie werden vom Einzelnen übernommen, beeinflussen seine Handlungsweise und bestimmen dadurch die Richtung, die Intensität, Ziel und Mittel menschlichen Verhaltens in Gesellschaft, Institutionen und Gruppen. Objektives Kriterium von Werten ist die mehr oder weniger umfassende und anerkannte Bedeutung im Rahmen eines kulturellen Wertesystems.

Subjektives Kriterium ist die Bedeutung für den einzelnen Menschen. Durch den Sozialen Wandel verändern sich Werte auf der Dimension von Zeit, was sich auch in dem Unterschied der Werte von Jung und Alt auswirkt.

Zunächst vollzieht sich dieser Wandel im Lebenslauf des einzelnen Menschen. Werte, die in Kindheit und Jugend gegolten hatten, verändern sich im Prozess der Sozialisation im Rahmen des Sozialen Wandels. Sehr deutlich zeigt sich das in der Generation der Jungen Alten.

Aufgewachsen in der Zeit der 50er Jahre mit strengen Regeln, starren Moralvorschriften, erlebten sie die 60er und 70er Jahre der Emanzipation, der sexuellen Revolution, der politischen Neubesinnung und änderten vielfach religiöse und politische Einstellungen, Wahlverhalten, Lebensstil, Partnerschaft und Sexualität. Wer diesen Wechsel bewusst mitvollzogen hat, dem fällt es leichter, sich mit Jugendlichen heute zu verständigen. Wer sich nicht verändert hat, bei dem wird der Verzicht auf den Wertewandel im eigenen Lebenslauf zum Wertewandel zwischen den Generationen. Die veränderten Wertevorstellungen stehen sich in den Einstellungen der verschiedenen Generationen gegenüber.

Die Dimension des Raumes in Bezug zum Wertewandel ergibt sich daraus, dass in geschlossenen Gesellschaften, Institutionen und Gruppen die Geschlossenheit des Wertesystems vorherrscht, wobei Konflikte und Spannungen auf den Unterschieden zwischen den Wertesystemen beruhen. Je offener eine Gesellschaft ist, umso offener und pluraler wird das Wertesystem, was sich u. a. in Familie, Schule, Universität, in Beziehungen und in der Begegnung am Arbeitsplatz auswirkt. Auch hier zeigt sich der Wertewandel im eigenen Lebenslauf. Je nachdem in welchem Milieu ich mich befinde, ändert sich das Wertesystem und es wird erwartet, sich anders zu verhalten. Wer etwa sich aus dem offenen Universitätsmilieu in einer geschlossenen – etwa streng katholischen – Umgebung wiederfindet, dem wird es schwer gemacht, sich nicht anzupassen. Ähnliches erfahre ich immer wieder von ausländischen Studentinnen und Studenten. In der Familie leben sie nach streng muslimischen Gesetzen, an der Universität in einem modernen, westlich orientierten Milieu.

Hier liegt auch dann das Problem innerhalb der Gesamtgesellschaft auf unserem Planeten Erde. Das Nebeneinander von geschlossenen und offenen Gruppierungen, der Unterschied zwischen »modernen« und traditionsgebundenen Nationen wird deutlich durch den Prozess der »Globalisierung«. Wer in anderen Ländern sich aufhält, begegnet möglicherweise ganz verschiedenen Wertesystemen. In den weiter unten dargestellten Ergebnissen eines indo-germanischen Forschungsprojektes »Wertewandel in Indien und Deutschland bei Jung und Alt« sollen diese Prozesse und Phänomene konkretisiert werden.

Nach Maßgabe der Werte entstehen Normen, Standards, Leitbilder, die abweichendes Verhalten definieren. Werte können bewirken, dass Einzelne oder Gruppen als Mitglieder von Subkulturen aus dem gesellschaftlich vorgegebenen Rahmen ausgeschlossen werden. Das zeigt sich in der eigenen Gruppe, in der abweichendes Verhalten als strafbar und möglicherweise kriminell definiert wird, als auch beim Wechsel zwischen den Kulturen.

Denn Werte sind Grundlagen soziologischer Normen, Standards, Leitbilder. Sie sind die von einer Gruppe, Schicht, einem Milieu oder der Gesamtgesellschaft geteilte Auffassung des Wünschenswerten, Erstrebenswerten, die sich als Normen und Gesetze manifestieren. Durch die Normen wird die Auswahl unter bestimmten Handlungsweisen und -mitteln beeinflusst und eingeschränkt.

Die Wirksamkeit der Werte und damit auch der Normen hängt ab von dem Grad der Internalisierung durch den Menschen, vom Grad der gesellschaftlichen Legitimierung der Werte, von der Härte der Sanktionen bei von den Werten abweichendem Verhalten, von der Bedeutung der Verhaltenswünsche des Menschen und vom Grad der inneren Stimmigkeit und Logik des gesamten Wertesystems. In der derzeitigen Kultur und Gesellschaft, die durch Individualisierung und Pluralisierung der Lebenswelten gekennzeichnet ist, wird durch die damit gegebene Relativierung der Werte und Normen der Grad der gesellschaftlichen Legitimierung und die innere Stimmigkeit und Logik des – eigentlich nicht mehr existierenden – gesamten Wertesystems geschwächt. Dadurch sind in allen modernen Gesellschaften Widersprüche im Wertesystem und Wertkonkurrenzen erkennbar, die auch eine Relativierung abweichenden Verhaltens zur Folge haben.

Die Gefahr des kulturellen Rückschritts, der Devolution, würde darin bestehen, wenn rückwärtsgewandt die nicht mehr vorhandene Geschlossenheit von Kultur und Gesellschaft und das alte Wertesystem wieder erzwungen werden sollte. Dadurch würden Zukunftsperspektiven verbaut werden. Es geht vielmehr darum, im intergenerationellen Dialog ein zukunftsbezogenes Wertesystem zu entwickeln, das auf die Zustimmung möglichst vieler Gesellschaftsmitglieder treffen würde und den Grad der gesellschaftlichen Legitimierung ohne Zwang und Herrschaft erreichen würde.

Im Folgenden sollen diese theoretischen Aspekte durch die Ergebnisse des indogermanischen Forschungsprojektes, das von Dr. N. K. Chadha, Delhi University, und mir durchgeführt wurde, konkretisiert und verdeutlicht werden.

Most important values
Wichtigste Werte

India young	India old
Honesty *Ehrlichkeit*	Love for mankind and god *Liebe für jedermann und zu Gott*
Moral/ethical values *Moralische und ethische Werte*	Strong familyrelations *Starke Familienbeziehungen*
Respekt for the elderly *Respekt vor den Älteren*	High moral/ethic standary *Hohe moralische und ethische Standards*
Truthfullness *Vertrauen und Selbstvertrauen*	Respect for religion *Respekt vor der Religion*
Respect and tolerance *Respekt und Toleranz*	Respect for everyone *Respekt vor jedermann*

Germany young	Germany old
Honesty *Ehrlichkeit*	Sincerity *Ehrlichkeit*
Love *Liebe*	Reliability *Verlässlichkeit*
Tolerance *Toleranz*	Humanity *Menschlichkeit*
Confidence *Vertrauen*	Religion *Religion*
Faithfulness *Treue*	Love *Liebe*

Folie 17

Der Grad der Integration und Geschlossenheit einer Gesellschaft bestimmt sich nach dem Grad der Geschlossenheit des Wertesystems. Alle modernen Gesellschaften weisen Widersprüche in Wertesystem und Wertekonkurrenzen auf.

Vorher fasse ich noch einmal zusammen:

Werte sind ein spezifischer Orientierungsrahmen einer bestimmten Kultur und Gesellschaft. Werte regeln soziales Handeln, lassen Konflikte erkennen und lassen beurteilen, wer »richtig« und wer »falsch« handelt, erlebt, fühlt.

Werte dienen der Sicherung von Herrschaft.

Werte sind historisch gewachsen. Sie bestimmen die Struktur einer Gesellschaft und sind Ergebnisse gesellschaftlicher Wirklichkeit.

Eine geschlossene Gesellschaft, Institution, Gruppe hat ein geschlossenes Wertesystem.

Je offener eine Gesellschaft, umso offener ist das Wertesystem.

Werte wandeln sich in Raum und Zeit. Für die indogermanische Untersuchung soll also einerseits der Unterschied zwischen Jung und Alt und andererseits der Unterschied zwischen Indien und Deutschland evaluiert werden.

1. Was sind für Sie die wichtigsten Werte?

In der Gruppe der Älteren in Indien wurden als wichtigste Werte genannt:
Liebe zu jedermann und zu Gott,
Starke Familienbeziehungen,
Hohe moralische und ethische Standards,
Respekt vor der Religion,
Respekt vor jedermann.

In der Gruppe der Älteren in Deutschland wurden genannt:
Ehrlichkeit,
Verlässlichkeit,
Menschlichkeit,
Religion,
Liebe.

Die etwa ähnlichen Werte sind demnach:
Liebe, Religion, Menschlichkeit, im Osten ethische Standards, im Westen: Ehrlichkeit, Verlässlichkeit.
Unterschiedlich sind die Stellung der Religion und die Bedeutung der Familienbeziehungen.

Wie sieht nun das Bild bei den Jüngeren aus:

Die Jüngeren in Indien nannten:
Ehrlichkeit,
moralische und ethische Werte,
Respekt vor den Älteren,
Vertrauen und Selbstvertrauen,
Respekt und Toleranz.

Die Jüngeren in Deutschland nannten:
Ehrlichkeit,
Liebe,
Toleranz,
Vertrauen,
Treue.

Als beiden Gruppen in Deutschland und Indien gemeinsam kann festgehalten werden:
Ehrlichkeit,
Toleranz,
Treue.

Die wesentlichen Unterschiede ergeben sich in dem Wert des Respekts vor dem Älteren, der von den indischen Jugendlichen genannt wird und bei den Deutschen nicht auftaucht, und bei den in Indien genannten moralischen Werten. Das lässt darauf schließen, dass in Indien das Senioritätsprinzip noch eine große Bedeutung hat und dass Moral und Ethik einen besonderen Stellenwert haben.

Traditional values
Traditionelle Werte

India young	India old
Kindness, helpfullness *Freundlichkeit, Hilfsbereitschaft*	Good character *Guter Charakter*
Love/Compassion *Liebe und Mitgefühl*	Kindness/helpfulness *Freundlichkeit, Hilfsbereitschaft*
Secularism *Toleranz zu anderen Religionen*	Respect for religion and culture *Respekt vor Religion und Kultur*
Integerity in character *Integrität*	Respect for elders *Respekt vor den Älteren*
Eguality in responsibility and duty *Gleichheit in Verantwortlichkeit und Pflichtgefühl*	Strong family ties *Starke Familienbindungen*

Germany young	Germany old
Honesty *Ehrlichkeit*	Faithfulness *Treue*
Family *Familie*	Dependability *Zuverlässigkeit*
Faithfulness *Treue*	Obedience *Gehorsam*
Respect against elders *Respekt vor den Älteren*	Belief *Glaube*
Belief *Glaube*	Helpfulness *Hilfsbereitschaft*

Folie 18

Interessant werden die Antworten nun auf die Fragen nach den traditionellen und den modernen Werten. Auch hier zunächst die Ergebnisse der Befragung älterer Inderinnen und Inder.

2. Was sind für Sie traditionelle Werte?

In der Gruppe der Älteren in Indien wurden folgende Punkte genannt:
Guter Charakter,
Freundlichkeit, Ehrlichkeit,
Respekt vor Religion und Kultur
Respekt vor den Älteren,
Starke Familienbindungen.

Die Älteren in Deutschland nannten als traditionelle Werte:
Treue,
Zuverlässigkeit,
Gehorsam,
Glaube,
Hilfsbereitschaft.

Traditionelle Werte in beiden Gruppen sind Religion, Glaube und Treue, Ehrlichkeit. Unterschiedlich sind vor allem: Respekt vor den Älteren und vor Religion und Kultur und starke Familienbindungen bei den Befragten in Indien und Zuverlässigkeit, Gehorsam und Hilfsbereitschaft bei den Befragten in Deutschland.

Wie sieht es nun in der Generation der Jüngeren aus?

In Indien sind die Aussagen zu den traditionellen Werten:
Freundlichkeit, Hilfsbereitschaft,
Liebe und Mitgefühl,
Toleranz zu anderen Religionen,
Integrität,
Gleichheit in Verantwortlichkeit und Pflichtgefühl.

Bei den Jüngeren in Deutschland:
Ehrlichkeit,
Familie,
Treue,
Respekt vor den Älteren,
Glaube.

Bei den älteren und jüngeren Personen in Indien gibt es als gleiche Wertvorstellungen Freundlichkeit, Zuverlässigkeit, Charakter und Respekt vor der Religion. Unterschiede werden deutlich in Fragen des Respekts vor den Älteren und enger Familienbindungen bei den Älteren und Liebe, Mitgefühl und Gleichheit in Verantwortung und Pflichtgefühl bei den Jüngeren.

Bei den älteren und jüngeren Befragten in Deutschland sind Glaube und Treue als traditionelle Werte gleich. Unterschiedlich sind Zuverlässigkeit, Gehorsam und Hilfsbereitschaft bei den Älteren und Ehrlichkeit, Familie, und Respekt vor den Älteren bei den Jüngeren.

Modern values
Moderne Werte

India young	India old
	No respect for elders
	Kein Respekt vor den Älteren
	Selfishness
	Egoismus
	Low tolerance/high agression
	Wenig Toleranz, hohe Aggression
	Individualism
	Individualismus
	Forgetten our culture
	Vergessen der eigenen Kultur

Germany young	Germany old
Selfrelation	Tolerance
Selbstverwirklichung	*Toleranz*
Tolerance	Freedom
Toleranz	*Freiheit*
Individuality	Mobility
Individualität	*Mobilität*
Freedom	Care for dignity of men and women
Freiheit	*Sorge für die Würde von Mann und Frau*
Woman emancipation	Ability to assertion
Frauenemanzipation	*Selbstbehauptung*

Folie 19

Im Vergleich mit der Nennung moderner Werte und dann im Vergleich mit den jeweils wichtigen Werten gewinnen die Ergebnisse an weiterer Aussagekraft.

Was sind für Sie moderne Werte?

Als moderne Werte werden von der Gruppe der älteren Teilnehmer aus Indien genannt:
Kein Respekt vor anderen,
Egoismus,
wenig Toleranz, hohe Aggressivität,
Individualismus,
Vergessen der eigenen Kultur.

In der Gruppe der älteren Teilnehmer aus Deutschland werden angeführt:
Toleranz,
Freiheit,
Mobilität,
Sorge für die Würde von Mann und Frau,
Selbstbehauptung.

Hier wird deutlich, dass kein gemeinsames Werteverständnis bei älteren Inderinnen und Indern und älteren Deutschen, bezogen auf die modernen Werte vorhanden ist. Während die modernen Werte in Indien als negativ besetzt angesehen werden, die von den Älteren abgelehnt werden und das Gegenteil einer guten Gesellschaft darstellen, werden die modernen Werte bei den Deutschen als positiv angesehen.

Bei dem Vergleich der Jüngeren fehlen leider die Angaben aus Delhi.

Für die Jüngeren in Deutschland gelten nach der kleinen Untersuchung als moderne Werte:
Selbstverwirklichung,
Toleranz,
Individualität,
Freiheit,
Frauenemanzipation.

Der Wertewandel und seine Einschätzung lassen sich in Bezug auf die intergenerationelle Begegnung auf der Grundlage der dargestellten Theorie in einen Kontext setzen.

Es gibt nach K. Mannheim die abtretende und die neu hinzukommende Generation. Die abtretende Generation nimmt ihre Werte mit und macht Platz den Werten der neu hinzukommenden Generation. Im Zusammenhang unserer Untersuchung ergibt sich ein genaueres Bild durch die Analyse der jeweils wichtigen Werte in Vernetzung mit den traditionellen und modernen Werten.

Für jüngere Menschen in Deutschland waren die wichtigen Werte Ehrlichkeit, Liebe, Toleranz, Vertrauen und Treue. Vergleicht man diese Werte mit den traditionellen und modernen Werten, so ergibt sich, dass von den traditionellen Werten als wichtig angesehen werden Ehrlichkeit, Treue und von den modernen Werten Toleranz. Demnach sind Familie, Respekt vor den Älteren und Glaube zwar traditionelle Werte, die aber als nicht wichtig von dieser Gruppe angesehen werden. Moderne Werte sind Selbstverwirklichung, Individualität, Freiheit und Frauenemanzipation, die aber in der Skala der als wichtig angesehen Werte eine geringere Rolle spielen.

Ältere Menschen in Deutschland führen an, dass wichtige Werte Ehrlichkeit, Verlässlichkeit, Menschlichkeit, Religion und Liebe sind. Von den traditionellen Werten werden als wichtig angesehen Zuverlässigkeit/Verlässlichkeit, Menschlichkeit, Glaube/Religion. Von den traditionellen Werten werden als nicht so wichtig angesehen Treue und Gehorsam, von den modernen Werten als nicht so wichtig Freiheit, Mobilität, Sorge für die Würde von Mann und Frau und Selbstbehauptung.

Nun können erste Aussagen zu den abtretenden und zu den neuen Werten gemacht werden. Die Dynamik des Wertewandels ergibt sich durch die Veränderung der Werte durch den Wechsel von abtretender und neu eintretender Generation. Aus Sicht der Jüngeren ergibt sich folgendes Bild:

Zu den abtretenden Werten sind zu zählen Familie, Respekt vor den Älteren und Glaube. Die in Zukunft wichtigen Werte ergeben sich aus den wichtigen und modernen Werten. Es sind Ehrlichkeit, Treue, Toleranz, Liebe, Vertrauen, Selbstverwirklichung, Individualität, Freiheit und Frauenemanzipation.

In der Gruppe der Älteren in Deutschland ergibt sich folgendes Bild:
»Abtretende Werte« sind die nicht wichtigen und die traditionellen Werte wie Zuverlässigkeit, Menschlichkeit, Glaube/Religion, Treue, Gehorsam.

Die modernen Werte können als die neuen Werte angesehen werden: Toleranz, Freiheit, Mobilität, Sorge für die Würde von Mann und Frau, Selbstbehauptung.

Vergleicht man nun die beiden Gruppen von Jung und Alt miteinander, so lassen sich als abtretende Werte erkennen Familie, Respekt vor den Älteren, Glaube/Religion, Hilfsbereitschaft und Gehorsam.

Als Zukunftswerte gelten:
Ehrlichkeit,
Treue,
Toleranz,
Liebe,
Zuverlässigkeit,
Selbstbehauptung/Selbstverwirklichung,
Achtung der Würde von Mann und Frau/Frauenemanzipation.

Für die Untersuchung der abtretenden und modernen Werte in der Gruppe der Inderinnen und Inder lassen sich nach denselben Ordnungsprinzipen folgende Aussagen machen:

Für jüngere Menschen in Indien gilt:

Die wichtigsten Werte waren Ehrlichkeit, moralische und ethische Werte, Respekt vor den Älteren, Vertrauen und Selbstvertrauen, Respekt und Toleranz. Vergleicht man diese Werte mit den traditionellen Werten, so ergibt sich, dass von den traditionellen Werten Toleranz als wichtig angesehen wird. Zu den modernen Werten liegen leider keine Aussagen vor. Es ist aber davon auszugehen, dass die als wichtig angesehen Werte die zukunftsträchtigen sind, während die anderen traditionellen Werte wie Hilfsbereitschaft, Liebe und Mitgefühl, Integrität und Verantwortung und Pflichtgefühl zu den vergehenden Werten gehören.

Für die älteren Menschen in Indien gilt:

Wichtige Werte waren Liebe zu jedermann und zu Gott, starke Familienbeziehungen, hohe moralische und ethische Standards, Respekt vor der Religion, Respekt vor jedermann. Von den traditionellen Werten werden als wichtig angesehen ein guter Charakter/hohe moralische und ethische Standards, Respekt von Religion und Kultur, Respekt vor jedermann/den Älteren, Liebe zu Gott, starke Familienbeziehungen. Die traditionellen Werte sind demnach auch die wichtigsten Werte. Demgegenüber sind die modernen Werte eine Umkehrung der als wichtig angesehenen traditionellen Werte. Sie beziehen sich auf Respektlosigkeit, Egoismus, Toleranzunfähigkeit, ein Vergessen der eigenen Kultur.

In der indisch-deutschen Untersuchung liegen die Unterschiede in den Wertvorstellungen und -prioritäten auch am je anderen Lebensstil, der sich u. a. im Freizeitverhalten zeigt.

Für die Jüngeren in Deutschland bilden Sport, passive und aktive Kultur, Beziehungen und Lesen die wesentlichen Freizeitbeschäftigungen. Für die Älteren gelten: Sport, Lernen, passive Kultur, freiwillige Aktivitäten und Lesen zum Bestandteil der Freizeit. Ähnlich sind demnach Sport, passive Kultur und Lesen. Unterschiedlich sind aus Sicht der Jüngeren: Beziehungen und aktive kulturelle Aktivitäten, für die Älteren: Lernen und freiwillige Aktivitäten.

In Indien ergibt sich ein anderes Bild. Die Jüngeren geben als wichtige Freizeitbeschäftigung an: Lesen, Musik hören, Fernsehen, Mittagsschlaf nach der Schule, Spiele und Sport. Bei den Älteren ist es: Zum Tempel gehen, Spielen mit den Enkeln, Zeitung lesen, religiöse Bücher lesen, anderen helfen.

Hier liegen sehr große Unterschiede zwischen Jung und Alt in Indien, zwischen Älteren in Indien und Deutschland, während die Freizeitbeschäftigungen von Jüngeren in Indien und Deutschland und Älteren in Deutschland sich ähnlicher werden (Lesen, Sport, passive Kultur).

Der Wertewandel in Verbindung mit den geänderten Freizeitbeschäftigungen lässt erkennen, dass auf der Raumdimension sich ein Trend von West nach Ost feststellen lässt, auf der Zeitdimension ein Trend von Jung nach Alt. Dies betrifft vor allem, da dort beide Dimensionen des Wandels eine größere Rolle spielen, die Situation in Indien.

In beiden Ländern ist die Überzeugung, dass sich die Werte gewandelt haben, sehr hoch. In Indien sind 96% der Jüngeren und 89% der Älteren dieser Meinung, in Deutschland – nicht ganz so stark –, 86% der Jüngeren und 82% der Älteren.

Befragt nach den Typen und Gründen des Wandels nennen die Jüngeren in Indien:
Selbstzentriertheit,
Materialismus,
Moral und ethische Standards,
politische Werte,
Zusammenbruch der traditionellen Familie.

Was bei den Jüngeren als eher positiv gilt, ist umgekehrt bei den Älteren als negativ eingeschätzt:
Materialismus,
Individualismus,
weniger Respekt vor der eigenen Kultur,
weniger Toleranz,
mehr Aggression.

Interessant ist der Vergleich mit einer kleinen informellen Untersuchung in China, die ich während eines Vorlesungsaufenthaltes an chinesischen Universitäten durchführte (1999/2000).

Bei den Älteren werden als wichtigste Werte angesehen der Beitrag für die Gesellschaft, die Bedeutung der beruflichen Laufbahn und die Familie. Damit werden die drei Säulen der Teilhabe an Kultur und Gesellschaft benannt: die Gesellschaft als solche, der Beruf und die Familie.

Traditionelle Werte sind die Loyalität zu den Eltern, die Ergebenheit zur Gesellschaft und die Bereitschaft, anderen zu helfen.

Die wichtigsten Werte sind demnach im wesentlichen auch die traditionellen Werte. Zum Faktor »moderne Werte« konnte keine Aussage gemacht werden.

Für die Jüngeren sind die wichtigsten Werte Vertrauen, Ehrlichkeit, Liebe. Eine Übereinstimmung mit den Einstellungen der Jugendlichen in Deutschland und Indien ist teilweise festzustellen. Traditionelle Werte sind Familienstruktur (der Mann ist das Haupt der Familie, dem die Frau folgt), eine Ehe ohne Scheidung und keine Konkurrenzgefühle, kein Leistungswettbewerb. Traditionelle Werte und wichtige Werte sind verschieden.

Die modernen Werte sind Konkurrenz/Leistungswettbewerb, Unabhängigkeit, Selbstrealisierung/Liebe zur Freiheit.

Hierbei wird deutlich, dass für die kommende Generation Vertrauen, Ehrlichkeit, Liebe, Leistungswettbewerb, Unabhängigkeit und Selbstrealisierung/Liebe zur Freiheit die zukünftigen Werte sind, während Familie, Ehe ohne Scheidung, Loyalität zu den Eltern, der Beitrag zur Gesellschaft, die Bereitschaft anderen zu helfen und ein Arbeiten ohne Leistungswettbewerb zu den abtretenden Werten zählen könnten.

Folgerungen für die Geragogik

Die Übersicht über den Wertewandel, der sich auf der Zeitdimension – Alt nach Jung – und der Raumdimension – West nach Ost – vollzieht, lässt Konsequenzen für die konkrete Arbeit in der Geragogik erkennen.
1. Es gibt einen Zusammenhang zwischen Nationalen Kulturen und dem jeweiligen Wertesystem.
   Diese Hypothese beinhaltet zwei Konsequenzen: wer sich mit intergenerationellen Programmen im Ausland beschäftigt, muss berücksichtigen, dass das Wertesystem verschieden ist. Bei Älteren bezieht sich das vor allem auf die Einstellung zu Jugendlichen und zum Wertesystem anderer Kulturen, die vielfach abgelehnt werden. Bei Jugendlichen bezieht sich das u. a. auf das Gebiet von Partnerschaft und Sexualität, wie ich in Gesprächen in Indien feststellen konnte. Es bezieht sich auf den Lebensstil, der oft nicht verstanden und nachvollzogen werden kann, das Nationalgefühl und die Einstellung zur Religion. Ich kann Jungen und Älteren einer anderen Kultur nicht gerecht werden, wenn ich diese Unterschiede nicht berücksichtige und davon ausgehe, sie müssten leben wie wir.
   Von vielleicht wichtigerer Bedeutung ist der Wandel des Wertesystems aber in der interkulturellen Gesellschaft. Überall, wo sich die verschiedenen Generationen der unterschiedlichen Kulturen, in Schulen, Firmen, Bildungseinrichtungen, begegnen, müssen die Unterschiede aufgedeckt und bearbeitet werden.
2. Durch die Einflüsse der »Globalisierung« werden mit Industrie, Wirtschaft und Lebensweise und Essensgewohnheiten der westlichen Industrienationen, mit Cola und McDonalds, westliche Werte vermittelt. In Diskussionen mit Studierenden in Indien wurde immer wieder auf die Gefahr der »Westernisation« hingewiesen. In der Cafeteria der Delhi University hatten Studierende die Anbringung

einer großen Reklametafel für Cola zu verhindern versucht – ohne Erfolg.
3. Westliche Werte beeinflussen vorrangig die Jüngeren. Durch das Fernsehen werden Wünsche geweckt nach einem Lebensstil, der in der Kultur des Landes nicht vorgesehen ist und vor allem von den Älteren mit Sanktionen belegt wird.
4. Wie die Untersuchung gezeigt hat, ist das Vorurteil Älterer, im Westen gebe es generell einen Werteverfall bei den Jüngeren nicht gerechtfertigt. Vielmehr sind Anzeichen für einen hohen moralischen Standard zu erkennen, der allerdings mit anderen Werten verbunden ist, als sie in der Vergangenheit vorrangig waren.
5. In Ländern, in denen ein geringerer Unterschied zwischen den Werten von Jüngeren und Älteren zu beobachten ist, kann von einem geringeren Konflikt zwischen den Generationen ausgegangen werden.

Zusammenfassend lässt sich folgern:

Notwendig ist der Respekt vor der jeweils anderen Generation. Notwendig ist der Respekt vor der jeweils anderen Kultur. Dieser intergenerationelle und interkulturelle Aspekt bildet die Grundlage der Begegnung verschiedener Generationen und verschiedener Kulturen.

Voraussetzung dieses Respektes ist, dass die Werte der jeweils anderen Generation in der jeweils anderen Kultur kennen gelernt werden und zu einem wechselseitigen Verstehen führen.

Von besonderer Bedeutung ist die gemeinsame Findung der Werte für die Zukunft. Dabei müssen die Prinzipien abtretender, neu eintretender und bleibender Generationen Berücksichtigung finden. Nicht alles Neue ist gut, nicht alles Alte ist schlecht. Vielmehr geht es um ein gemeinsames Ringen der verschiedenen Generationen in den verschiedenen Kulturen zwischen Senioritätsprinzip und Modernisierungsprinzip.

Wir brauchen neue Lernorte des Verstehens des Wertewandels in Raum und Zeit. Hierbei kann es sich um die persönliche Begegnung in Seminaren und Workshops handeln, aber auch um breiter angelegte Konferenzen und Fachtagungen. Die Thematik intergenerationeller interkultureller Begegnung sollte in Pädagogik, Andragogik und Geragogik bearbeitet werden und Bestandteil der Aus-, Fort- und Weiterbildung werden.

18 Gesellschaftlicher Bedarf intergenerationeller Programme – Felder und Beispiele

Das Zusammensein von Jung und Alt außerhalb der Familie, die intergenerationellen Programme sollten nicht beschränkt werden auf den Freizeitbereich, auf Erzählcafes, Geschichtswerkstätten, sondern müssen als gesellschaftliche Notwendigkeit aufgefasst werden. Dies ergibt sich auch aus der Struktur der Gesellschaft durch die Umwandlung der Erwerbsarbeitsgesellschaft in eine Tätigkeitsgesellschaft.

In unserer Gesellschaft gibt es die zwei Gruppen, die, die eine Erwerbsarbeit haben, die einen Beruf oder Job haben, oder die, die keine Arbeit haben, Arbeitslose, Rentner. Zu beiden Gruppen gehören junge und alte Menschen.

Nun ist es ja so, dass in einer Arbeitsgesellschaft diejenigen, die Arbeit haben, angesehen sind, während die, die keine Arbeit – mehr – haben, in der gesellschaftlichen Achtung nicht so hoch stehen. – Im »alten Griechenland« war das noch anders, Arbeit war für die Sklaven und Frauen, wer keine Arbeit verrichten musste, war angesehen, konnte sich auf der Agora aufhalten und mit Platon und Sokrates einen Diskurs führen.

Dieses System der Anerkennung für Erwerbsarbeit und der Nichtanerkennung für Nichterwerbstätige gilt für alle drei Sektoren, den Bereich der Wirtschaft, Firmen, Unternehmen; den Bereich des Staates, Kommunen, Behörden der verschiedenen Ebenen, Universitäten, Schulen; den Bereich der Nicht-Profitorganisationen (NPO), Non-Government-Organisations (NGO), Wohlfahrtsverbände, Stiftungen, Selbsthilfegruppen – um jeweils nur einige Beispiele zu nennen.

Die Älteren sind nach Pensionierung, Frühverrentung etc. vor allem im Dritten Sektor als freiwillige Mitarbeiterinnen und Mitarbeiter tätig. Durch den Wandel von der Arbeitsgesellschaft zur Tätigkeitsgesellschaft verwischen die starren Unterschiede zwischen den Bereichen Arbeit und Nichtarbeit, und die Tätigkeiten, auch die der Älteren, gewinnen an Anerkennung. Es geht nicht mehr nur um Zeitvertreib und ehrenamtliches »Hobby«, sondern diese Tätigkeiten und das damit neue

Bewusstsein für intergenerationelle Programme gewinnen an gesellschaftlicher Bedeutung in der Zivilgesellschaft.

Fünf Bereiche sollen mehr oder weniger ausführlich diese Hypothese konkretisieren

- die Öffnung der Hochschule für Ältere, das gemeinsame Studieren von Jung und Alt mit dem Ziel neuer gesellschaftlicher Tätigkeiten für die Älteren;
- die Öffnung der Kindergärten und Schulen für Ältere;
- Altenheime und Altenpflegeheime als intergenerationelles Programm;
- Die Mitarbeit Älterer in Firmen und Betrieben;
- Die interkulturelle Begegnung.

*Weiterbildendes Studium für Seniorinnen und Senioren
Universität Dortmund*

Semester			Praktikum		Zertifikat
1	2	3	4	5	→ Kontakt Studium

55-59 years ⌀

Lehre und Forschung
Jung und Alt; Intergenerationelles Studium
Integration in die Universität
Vernetzung mit Gerontologie und Geragogik
Studiengruppen
Nachberufliche freiwillige Tätigkeiten, bürgerschaftliches Engagement in der Zivilgesellschaft

Folie 20

Intergenerationelles Studium, Öffnung der Hochschulen für Senioren

An 50 wissenschaftlichen Hochschulen in Deutschland studieren etwa 25000 Teilnehmer im Seniorenstudium. Seit dem ersten Modellversuch der Bund-Länder-Kommission für Bildungsplanung und Forschungsförderung 1980-85 an der Universität Dortmund studieren ältere Erwachsene im Weiterbildenden Studium für Seniorinnen und Senioren an der Universität Dortmund. Das Durchschnittsalter liegt bei 58 Jahren. Es sind vorwiegend Nichtakademiker. Die meisten Studierenden sind Frauen. Zu jedem Wintersemester können 60 Personen über 50 Jahre an dem fünfsemestrigen weiterbildenden Zertifikatsstudium teilnehmen. Sie studieren mit jüngeren Studierenden in gemeinsamen Veranstaltungen und bereiten sich auf eine freiwillige nachberufliche/nachfamiliäre Tätigkeit in der Zivilgesellschaft vor. Die Tätigkeitsfelder, in denen sie nach dem Studium an der Gesellschaft aktiv weiter teilnehmen sind der Bereich Soziales; Freizeit, Kultur, Bildung, Sport; soziale Partizipation; neue Medien; Internationale Kooperation (vgl. Veelken 1997).

Kennzeichen des Dortmunder Modells sind:
- Vernetzung von Forschung und Lehre,
- Intergenerationelles Programm,
- Integration in die Universität,
- Vernetzung mit der Gerontologie und Geragogik,
- Gruppenlernen in Studiengruppen,
- Nachberufliche freiwillige Tätigkeiten.

Gerade im gemeinsamen Lernen junger und älterer Studierender an Hochschulen lassen sich die Chancen und auch Hindernisse eines intergenerationellen Programms ablesen. Wenn Ältere und Jüngere sich als Teil des Ganzen verstehen, als gleichverantwortliche Teilnehmer eines Seminars sich sehen, führen die Jüngeren drei positive Veränderungen an:

Das Bild vom Älterwerden und von alten Menschen verändert sich. Alte Menschen werden nicht mehr als nutzlos, griesgrämig, den Jüngeren als böse gegenüberstehend gesehen, sondern sie werden als Partner erlebt, die im menschlichen Wachstumsprozess eine Wegstrecke weiter sind. Die Qualität der Seminare verbessert sich. Die Vernetzung des

Theoriebedürfnisses der Jüngeren mit dem Erfahrungswissen der Älteren bringt einen höheren Stand des Lehrens und Lernens.

Die Umgangsformen Älterer – Höflichkeit, Engagement, hohe Motivation – wirkt sich fördernd auf die Jüngeren aus. Vielfach kommt es zu wechselseitiger Beratung innerhalb der Veranstaltungen. Das Bild Jüngerer vom eigenen Altern wird klarer und die damit verbundene Angst verringert sich, weil sie hier Ältere erleben, deren Lebensweg, deren Reifen, deren Identitätsentfaltung sie hautnah miterleben können.

Aber auch umgekehrt konnte erforscht werden, dass negative Verhaltensweisen störend empfunden werden, wenn die Älteren sich nicht als Teil eines Ganzen verstehen. Wenn das Darstellen der Erfahrung überhand nimmt, wird es von den Jüngeren als »Erzählen« erlebt, das nicht in wissenschaftliches Lernen gehört. Ältere sehen sich als Ganzheit und nicht mehr als Teil, wenn sie, wie die Jüngeren es erleben, als »Rudel« auftreten und den Jüngeren im Seminarraum keinen Platz lassen. Als Störung wird ebenfalls empfunden, wenn die Älteren sich nicht als eine andere Generation sehen, sondern so tun, als seien sie noch junge Studentinnen und Studenten und wenn sie wie Schulkinder die Professoren »anschleimen«, so wie früher in der Schule »lieb Kind spielen«.

Wozu, so lautet die Frage, brauchen die Älteren die Jüngeren und wozu brauchen die Jüngeren die Älteren?

Die Älteren geben an, die Jüngeren zunächst als Lernende zu brauchen. Sie freuen sich an dem Jungen Geist, um neue Entwicklungen zu erfahren, um die neuen Erfahrungen der Jüngeren kennen zu lernen. Sie wollen neue Bereiche kennen lernen und neue Ideen entwickeln. Von den Fachkenntnissen beruflicher Art der Jüngeren wollen sie profitieren. Die Älteren sehen sich aber auch als Lehrende. Sie brauchen die Jüngeren, um ihre Erfahrungen auszusprechen, mitzuteilen, um dann einen Nutzen daraus zu ziehen. Sie wollen sich in den neuen Erfahrungen spiegeln, ihre Lehren und Gedanken weitervermitteln, um so bleibende Werte zu schaffen.

Für viele Ältere ist einfach wichtig der Spaß an intergenerativer Begegnung von Jung und Alt, um so das Gefühl zu haben, noch in neue gesellschaftliche Bereiche integriert zu sein, um sich von der Jugendlichkeit, der Kraft und Energie der Jugend anstecken und beleben zu lassen.

Wie sieht es nun aber mit den Jüngeren aus? Brauchen auch sie die Älteren, oder ist der Wunsch nach Begegnung von Jung und Alt eigentlich nur der Wunsch der Älteren?

Zunächst wollen die Jüngeren das berufliche Wissen der Älteren nutzen. Sie brauchen sie als Mentoren, zur Anleitung zu wissenschaftlichem Arbeiten, zum Schreiben größerer Arbeiten, zur Erarbeitung eigener Veröffentlichungen, zur Auseinandersetzung mit dem universitären Alltag. Darüber hinaus wollen sie durch die Älteren selbst Zugang und Kontakte zu wissenschaftlichen Gremien bekommen – etwa zur Deutschen Gesellschaft für Gerontologie und Geriatrie«, zum Arbeitskreis »Geragogik an Hochschulen«, zum »International Consortium for Intergenerational Programs (ICIP)«. Des weiteren ist für die Jüngeren wichtig, die Erfahrungen und das Welterleben der Älteren kennen zu lernen und zu nutzen, ihre Reiseberichte, ihre Auffassung von anderen Philosophien und Sichtweisen, ihre Erzählung über nutzbar machende Erfahrungen und so die Anregungen zu eigenen neuen Ideen. Bei ihren Vorstellungen von einer neuen Autorität wollen sie Menschen erleben, die Autorität haben.

Intergenerationelle Begegnung in Kindergärten und Schulen

Ein ganz anderer Bereich ist die Öffnung der Einrichtung für Kinder, etwa Kindergärten, für Ältere.

Grundlegend ist dabei ein neues Konzept für die Öffnung der Kindergärten und Kindertageseinrichtungen für Ältere. Vor dem Hintergrund des Strukturwandels in Kultur, Gesellschaft und Alternsprozess, unter Einbezug neuer gerontologischer/geragogischer Erkenntnisse, werden die heterogenen Gruppen jüngerer und älterer MitarbeiterInnen, Ehren- und Hauptamtliche, für die gemeinsame Begegnung mit den Kindern vorbereitet. Dabei geht es nicht nur darum, Ältere als »Erzählomas und -opas« zu gewinnen, sondern um die gemeinsame Suche nach Formen und Modellen des Überlebens, Lebens und Erlebens in der Zukunft. Eine Herausforderung gerade für die »Jungen Alten« wird darin liegen, neue Formen des Spielens, den Umgang mit neuen Medien, bei dem die Älteren von den Jüngeren lernen können, zu erproben. Dies gilt insbesondere für die neu geplanten Ganztagsschulen.

Die Vernetzung innerhalb der Kommune ist eine Möglichkeit, die Qualität der Arbeit zu verbessern. Institutionen der Altenarbeit, Jugendarbeit, Kindergarten, Jugendheim, Erwachsenenbildung, Mütterarbeit, Väterarbeit, Ehevorbereitungskurse, Altennachmittage, Reiseveranstaltungen können miteinander verbunden werden und für die jeweils andere Gruppe geöffnet werden. Im Zeitalter neuer Informationsmedien wird Vernetzung zum Kennzeichen.

Voraussetzung einer neuen Sicht der Altenhilfe und Jugendarbeit ist die permanente Fortbildung. Zentral, etwa einmal im Jahr, im Rahmen einer größeren Veranstaltung, und dezentral in monatlichen Fortbildungsnachmittagen/-tagen »vor Ort«, können sich ältere und jüngere MitarbeiterInnen, Ehren- und Hauptamtliche, ihrer eigenen Lebensphase und der gegebenen Entwicklungsaufgaben bewusst werden und die Ergebnisse in Methoden der subjektorientierten Arbeit mit den Kindern umsetzen. Darüber hinaus und parallel dazu können auch Ältere, die als ehemalige Leiterinnen von Kindertageseinrichtungen/LehrerInnen beratend tätig werden oder selbst in Kindertageseinrichtungen mitarbeiten, sich weiterbilden, wie etwa im Weiterbildenden Studium für Seniorinnen und Senioren an der Universität Dortmund.

Hereingehen ins Leben und Loslassen des Lebens sind Prozesse von Geborenwerden und Sterben, Lebensprozesse. Von einem höheren Gesichtspunkt aus können sie besser als Lebensprozesse verstanden werden, wobei Ältere und Kinder außerhalb der Konkurrenzgesellschaft sich aufhalten können und sich gemeinsam den Fragen » wer bin ich?« – woher komme ich? – wohin gehe ich?« widmen. Kinder sind offen für Spiele, Rollenspiele, Beispiele, Ältere können das Bewusstsein einer neuen Spiritualität in Meditation, Yoga, Bibliodrama, einüben. Die Orte der gemeinsamen Begegnung von Jung und Alt können so zu neuen Kraftzentren in Gemeinden und Kommunen werden.

Was für Kindergärten gilt, ist ebenso auf Schulen zu übertragen. Zunächst muss gesehen werden, dass Schule mit älteren Lehrpersonen und jüngeren Kindern und Jugendlichen ein intergenerationelles Programm ist. Ohne wechselseitiges Verstehen der jeweils anderen Generation ist eine echte Kommunikation schwierig. Insbesondere werden spezielle Kompetenzen der Älteren nachgefragt, wie Mentorentätigkeit, Tutorentätigkeit – vor allem in Ganztagsschulen –, Erlernen von Bewerbungsgesprächen etc.

Altenheime und Altenpflegeheime: »Jung und Alt-Heime«

Jedes Altenheim oder Altenpflegeheim mit älteren Bewohnern und jüngerem Personal ist ein intergenerationelles Programm. Zumeist wird das nicht so gesehen und übersehen. Doch Anerkennung und Respekt vor dem jeweils anderen, vor der jeweils anderen Generation, können erst entstehen, wenn der Zusammenhang von Lebenslauf und historischem Augenblick gesehen und gelernt wird. Die Älteren sollten lernen, welche Ziele, Motive, Interessen, Bedürfnisse die jüngeren Mitarbeiterinnen und Mitarbeiter haben und die Jüngeren sollten von der oft hohen Kompetenz der Älteren lernen. Gerade hier gilt das Miteinander von Senioritäts- und Modernisierungsprinzip.

Industrie und Wissenschaft

Vergleichsstudien zu Bildungsfragen in Deutschland lassen erkennen, dass eine Stagnation im Bildungssystem in Deutschland festzustellen ist. Dabei wird gleichzeitig gesehen, dass Bildung ein wichtiger Standortfaktor für die deutsche Wirtschaft ist, ein soziales Kapital (Bordieu).

Unabhängig von der Frage, ob in 25 Jahren die Älteren als Teilnehmer an der Erwerbsarbeit wieder gebraucht werden – die Veränderung auf dem Arbeitsmarkt, der Zuzug von ausländischen Mitbürgern, der Wandel von einer Arbeits- in eine Tätigkeitsgesellschaft lässt zumindest vermuten, dass hier kein rückwärtsgewandtes Konzept der 50er Jahre zu übertragen ist – können Industrie und Wissenschaft den Nutzen der hohen Kompetenz älterer Mitarbeiterinnen und Mitarbeiter fördern. Es geht dabei aus meiner Sicht nicht einfach um eine Lebensarbeitszeitverlängerung. Vielmehr müssen neue Konzepte und Modelle entwickelt und erprobt werden – und die Hochschulen wären der Ort für solche Modellversuche – bei denen die Kompetenz Älterer den Jüngeren zur Verfügung gestellt wird. Zu denken wäre etwa an Möglichkeiten der Mitarbeit von Pensionären in der Ausbildungsphase, etwa der Supervision jüngerer Dozenten durch pensionierte Dozenten – in China müssen jüngere Dozenten bei Pensionären »in die Lehre gehen« –, an neue Modelle intergenerationeller Hochschulen und Universitäten. Ein Miteinander der Generationen in der gleichzeitigen Nutzbarmachung der jeweiligen Kompetenz würde eine Qualitätsverbesserung darstellen.

»Corporate Citizenship« beinhaltet die Verantwortung der Unternehmen für die älteren Arbeitnehmerinnen und Arbeitnehmer, Angestellten und Manager. Diese werden für die freiwilligen Tätigkeiten in Einrichtungen, Projekten und Feldern der verschiedenen Möglichkeiten bürgerschaftlichen Engagements in der Zivilgesellschaft geworben und motiviert. Gleichzeitig bedeutet es auch, die Kompetenzen der ehemaligen Kolleginnen und Kollegen für die eigene Firma nutzbar zu machen. Dies geschieht vor allem durch die Initiierung intergenerationeller Programme. Die Kompetenzen der Älteren werden den Jüngeren vermittelt und die älteren Kolleginnen und Kollegen lernen von dem neuen Wissen der Jüngeren. Mit der Motivation ist die Qualifizierung verbunden, um diese Tätigkeiten wahrnehmen zu können in Institutionen, Selbsthilfegruppen und selbstgegründeten Initiativen. Anzustreben ist eine Vernetzung mit Wohlfahrtsverbänden, Agenturen gesellschaftlichen Engagements, Kommunen, Kirchengemeinden etc.

Interkulturelle intergenerationelle Begegnung und Kooperation

Durch Globalisierung, Migration, internationales Mediennetz, internationalen Studenten- und Wissenschaftleraustausch sind Bildung und Lernen nicht mehr auf nur ein Land zu beschränken. Wie das Projekt »Wertewandel bei Jung und Alt in Indien und Deutschland« aufgezeigt hat, bestehen hier Unterschiede von Wertewandel auf der Dimension der Zeit – von Jung und Alt – und der Ebene des Raumes – von Kontinent zu Kontinent –, die, wenn sie nicht beachtet werden, zu starken Kommunikationsstörungen führen.

2000 hat die UNESCO einen Bericht zu intergenerationellen Programmen in verschiedenen Ländern vorgelegt, an dem Experten aus China, Japan, USA, Europa, Afrika, Kuba, Palästina teilgenommen haben.

2000 wurde das »International Consortium for Intergenerational Programmes ICIP« gegründet, zu deren erstem internationalen Wissenschaftskongress 2002 Teilnehmer aus allen Erdteilen anwesend waren.

Es wäre zu wünschen, dass interkulturelle intergenerationelle Sommer- und Winteruniversitäten stattfinden würden, die die Grundlage bieten für eine erste Internationale Interkulturelle Intergenerationelle Universität.

Das »International Consortium for Intergenerational Programmes« (ICIP) ist der einzige internationale Verband, der ausschließlich intergenerationelle Programme, Strategien und öffentliche Politik aus globaler Perspektive fokussiert. Nach dem Gründungsbeschluss 1999 an der Universität Dortmund wurde auf einem internationalen Treffen intergenerationeller Fachleute in den Niederlanden im Oktober 2000 ICIP ins Leben gerufen. ICIP steht für die Arbeit und Visionen vieler, die die Dringlichkeit erkannten, Politiker, Akademiker und Fachleute zusammenzubringen, um intergenerationelle Tätigkeiten voranzutreiben. ICIP hat den Status einer International Non Government Organisation (NGO).

Das Consortium hat folgende Arbeitsdefinition intergenerationeller Programme aufgestellt:

Intergenerationelle Programme sind der Weg zu einem sinnvollen und progressiven Austausch von vorhandenen Ressourcen und bereits umgesetzten Methoden zum Lernen zwischen älteren und jüngeren Generationen zwecks Gewinnung individueller und sozialer Vorteile.

ICIP benennt außerdem folgende Charakteristika und Ziele als wesentlich für den Erfolg eines solchen Programms:
- Demonstration gegenseitigen Nutzens für alle Beteiligten,
- Aufzeigen neuer sozialer Entfaltungsmöglichkeiten und Perspektiven für Jüngere und Ältere,
- Einbezug mehrerer Generationen,
- Förderung ansteigenden Bewusstseins und Verständnisses zwischen jüngeren und älteren Generationen und Anwachsen des Selbstwertes innerhalb Generationen,
- Ansprache der für die einbezogenen Generationen relevanten sozialen Angelegenheiten und Ziele,
- Sie beinhalten Elemente guter Programmplanung und Bewertung,
- Entwicklung intergenerationeller Beziehungen,

Im Einzelnen werden als Ziele aufgeführt:
- Förderung und Entwicklung intergenerationeller Programme sowie deren nationale und internationale Umsetzung
- Entwicklung einer systematischen Annäherung zum Verständnis, warum intergenerationelle Programme und Umsetzungen arbeiten

- Verbreitung der ‚Wichtigkeit intergenerationeller Programme und Umsetzungen als Träger globalen sozialen Wandels

Um die genannten Ziele zu erreichen, wird ICIP folgende Aktivitäten betreiben:

- Abhalten einer zweijährigen Internationalen Konferenz,
- Herausgabe eines wissenschaftlichen Journals,
- Einrichten einer Website,
- Erstellung einer Database der Mitgliederprogramme und Interessen,
- Regelmäßige Herausgabe eines Newsletters.

IV

Geragogik als Studienfach

In der Praxis der Altenarbeit, Altenbildung und Altenpflegeausbildung spielt die Geragogik eine wichtige Rolle. Benötigt werden aber Dozenten, die die Ausbildung leiten. In der Qualifizierung des wissenschaftlichen Nachwuchses im Fach Geragogik liegt eine neue Aufgabe der Hochschulen. Die Verbesserung der Lebenssituation älterer Menschen durch Lernen und auch derjenigen, die aus-, fort- und weitergebildet werden, geschieht durch Wissen, daraus folgender Orientierung und der Möglichkeit der Veränderung.

Theorie und Praxismodelle der Geragogik müssen einfließen in die Ausbildung von Geragogen, sei es an Universitäten, Fachhochschulen, Fachseminaren für Altenpflege oder sonstigen Fortbildungsmodellen der Geragogik. Geragogik ist ein Studienfach, das immer mehr Konturen annimmt und für immer mehr Wissenschaftler und Praktiker, aber in Zukunft auch für die Altenpolitik an Bedeutung gewinnt.

Denjenigen, die sich mit Geragogik als Studienfach befassen wollen, sollen, nachdem inhaltliche Schwerpunkte schon dargestellt wurden, abschließend einige Aspekte und Empfehlungen zu Wegen und Methoden wissenschaftlichen Arbeitens gegeben werden.

Dabei geht es um folgende Themen:
- Wissen – Orientierung – Veränderung
- Erfahrungs- und Erklärungsebene am Beispiel »Erstsemester an der Universität«
- Der Weg wissenschaftlichen Arbeitens als Prozess
- Elemente sinnvollen wissenschaftlichen Arbeitens und Arbeitsfelder für Geragogen.

19 Wissen – Orientierung – Veränderung

Wissen – Orientierung – Veränderung

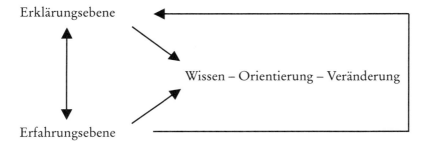

Folie 21

Nun entsteht die Frage, was mache ich mit alledem? Wie lerne ich? Wie bereite ich all das auf für meine eigenen Aufgaben, ein Referat, eine Klausur, eine Diplomarbeit, eine Dissertation etc.?

Bei wissenschaftlichem Arbeiten wie ich es verstehe, geht es um die Vernetzung zweier Ebenen, der Erfahrungs- und Erklärungsebene.

Es gibt viele Vorschläge zu wissenschaftlichem Arbeiten. Ich will einen Weg vorstellen und vorschlagen, den ich selbst seit langem gehe, mit dem ich meine Dissertation (753 Seiten), meine Habilitationsschrift (500 Seiten), viele Artikel und Vorträge verfasst habe. Es ist ein Angebot von mir, jeder kann es, wenn er will auf seine Weise ummodeln, dass es zu seinem Arbeitsweg passt.

Ausgang jeden wissenschaftlichen Arbeitens ist für mich mein eigenes Leben, meine Erlebnisse, meine Erfahrungen, mit mir, mit meinen Beziehungen, meiner Arbeit, meiner Umwelt, mit den Gruppen und Institutionen, in denen ich lebe, mit den Religionen und Philosophien, mit denen ich mich befasse, mit den Werten, die für mich Gültigkeit haben, mit meiner wechselhaften Biographie, mit dem Erlebnis des Wandels in Kultur und Gesellschaft.

Von dieser Erfahrungsebene entstehen für mich Fragen: Wie?, Warum?, Wieso?, Wozu?, Mit Wem?. Diese Fragen führen mich dazu, nach Erklärungen zu suchen, sei es in eigenem Denken, sei es durch das Erkennen des Denkens anderer. Auf dieser Erklärungsebene erarbeite ich erste Hypothesen, die sich zu Theorien verdichten und Antworten geben auf die Fragen, die auf der Erfahrungsebene entstanden sind. Auf der Erfahrungsebene allein, dadurch, dass ich immer wieder dieselben Erlebnisse erzähle – eine Gefahr beim Älterwerden, wenn ich die Herausforderung des Lernens auf der Erklärungsebene nicht mehr annehme –, komme ich zu keinen Antworten.

Die Verbindung von Erfahrungs- und Erklärungsebene gibt mir ein Wissen, mit dem ich mich in meinem Leben und meiner Umwelt orientieren kann. Es ist wie ein Straßenatlas, mit dem ich den Weg von A nach B kennen lerne. Die Theorien sind dabei die Landkarte, mit der ich mich orientiere, die Wirklichkeit sieht dann konkret oft anders aus. Ein Straßenatlas lässt mich nicht erkennen, ob etwa eine Kuh auf der Straße läuft, ob ein Stau auf der Autobahn ist, ob eine Einbahnstraße entstanden ist. Aber ohne diesen Atlas könnte ich mich gar nicht orientieren.

Wissen und Orientierung dienen der Veränderung. Sie sind nicht um ihrer selbst willen da, sondern werden von mir genutzt, um mich zu verändern, meine Umwelt, die Gruppen und Institutionen, in denen ich lebe, den Wertewandel, den ich für mich erarbeite. Durch Wissen und Orientierung verändert sich meine Erfahrung – eine Tatsache, die Partner oft erleben, wenn einer von beiden durch einen Kurs, ein Seminar, ein Wissen erlangt hat, eine neue Empfindsamkeit erworben hat, die der andere nicht nachspüren kann. Gleichzeitig verändern sich meine Fragen, werden anders, tiefer, detaillierter und ein neues Lernen kann beginnen.

20 Erfahrungs- und Erklärungsebene am Beispiel »Erstsemester an der Universität«

Erfahrungs- und Erklärungsebene am Beispiel
»Erstsemester an der Universität«

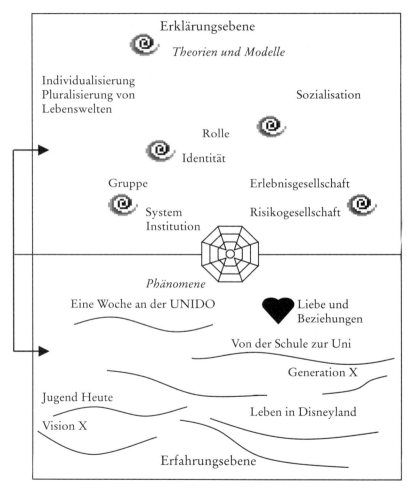

Folie 22

Wissenserwerb und vor allem produktorientiertes Lernen besteht für mich aus der Vernetzung von zwei Ebenen, der Erfahrungs- und der Erklärungsebene.

An einem Beispiel soll das erläutert werden. Es geht um die Frage »Eine Woche an der UNI« (Ergebnisse eines konkreten Seminars).

Auf der Erfahrungs-, Phänomenebene sammle ich alle Eindrücke, Fragen, Erfahrungen, Erlebnisse, die mir wichtig sind, so die Frage der Veränderung von Liebe und Beziehungen beim Übergang von der Schule zur UNI. Zu welcher Generation gehöre ich, was sind die Kennzeichen meiner Alterskohorte? Ich erlebe an der UNI einen anderen Aspekt von Jugend heute. Manchmal kommt es mir vor wie ein Leben in Disneyland. Was ist meine »Vision X«?

Diese Erfahrungen und Erlebnisse könnten beliebig weitergeführt werden, ohne mir zu einem größeren Wissen zu verhelfen. Es bedarf der Erklärung, der Erläuterung, der Bildung von Hypothesen, damit die Erlebnisse in einen theoretischen Rahmen eingeordnet werden können. Hier können herangezogen werden die Theorie von Sozialisation und Lebenslauf, die Ergebnissen der modernen Soziologie zum Modernisierungsprozess von Kultur und Gesellschaft (z. B. Risikogesellschaft, Erlebnisgesellschaft). Von Wichtigkeit ist aber auch die Erkenntnis der theoretischen Aspekte der Identitätsentfaltung zwischen sozialer Identität, Rolle und persönlicher Identität, die mich daran hindert, im Sumpf der Massenuniversität zu versinken. Universität ist ein System, eine Institution, die nach soziologischen Regeln verläuft und ich selbst lebe in neuen Gruppierungen und Gruppen, deren Elemente und Prozesse ebenfalls von der Theorieebene erklärt werden können.

Dieses Wissen bringt mir eine Orientierung in der neuen UNI-Situation, die mir hilft, die Situationen und mich selbst zu verändern, um sinnvoll mit dem Studium beginnen zu können.

21 Der Weg wissenschaftlichen Arbeitens am Prozess

Der Weg wissenschaftlichen Arbeitens

1. Ich finde *mein* Thema
2. Ich sammle Beispiele und Erlebnisse
3. Ich gliedere auf der Erfahrungsebene

4. Ich frage nach Zusammenhängen, Problemen, Unklarheiten
5. Ich formuliere Hypothesen auf der Erklärungsebene
6. Ich schreibe meinen Entwurf

7. Ich suche Theorieaspekte aus der Bezugswissenschaft (z. B. Soziologie, Geragogik)
8. Ich sammle Literatur
9. Ich arbeite die Literatur ein (Zitate, Anmerkungen, Exkurse)

10. Ich formuliere das (End-)Thema
11. Ich fertige die Literaturliste an

12. Ich halte das Referat/schreibe die Klausur/gebe Diplom-/Staatsarbeit, Dissertation, Habilitation ab
13. Ich freue mich über mein Werk

Folie 23

Dieses Modell wissenschaftlichen Arbeitens, konkretisiert sich dann, wenn ich im humanwissenschaftlichen Bereich und so auch in Gerontologie und Geragogik beginne, eine wissenschaftliche Arbeit zu erstellen. Ich unterscheide dabei 13 Stufen und Phasen, an die ich mich selbst halte und die mir sehr geholfen haben:

1. Ich finde mein Thema. Was lässt mich nicht mehr schlafen? Was liegt mir am Herzen? Wo habe ich eine Frage, auf die ich keine Antwort weiß? Was passiert in meiner Beziehung, das ich nicht erklären kann? Ich kann das, was um mich herum in der Welt passiert, nicht mehr erklären und das beunruhigt mich. Was ist im Lebenslauf der Älteren, denen ich in der Arbeit begegne, geschehen? Wie können Jung und Alt sich begegnen?
2. Ich sammle Beispiele und Erlebnisse. Wie in einem Brainstorming schreibe ich alles auf, was mir zu meinem Thema einfällt, so wie es kommt, notiere ich es.
3. Ich gliedere auf der Erfahrungsebene. Ich untersuche, ob sich in den Erlebnissen und Erfahrungen Ähnliches findet, ob sich übergeordnete Kategorien bilden lassen. Damit ordne ich dann die gefundenen Erfahrungen. Wenn ich das gemacht habe, habe ich meine Arbeit sehr wahrscheinlich schon etwas lieb gewonnen, sie hat für mich einen besonderen Stellenwert: ein Herz.
4. Ich frage nach Zusammenhängen, Problemen, Unklarheiten. Ich beginne mit dem, was ich gefunden habe, zu arbeiten. Ich komme zu Fragen, Unklarheiten, wieder neuen Fragestellungen, neuen Problemstellungen. Und ich suche erste Antworten. Ich kann parallel dazu sehr viel lesen, um das Umfeld meines Themas kennen zu lernen, aber ich lese noch nicht, um es sofort umzusetzen, ich kann es wohl schon irgendwo abspeichern.
5. Ich formuliere Hypothesen auf der Erklärungsebene. Ich experimentiere mit meinen Antworten. Ich drehe und wende es hin und her und beobachte es von allen Seiten, und ich komme so zu einer ersten Gliederung.
6. Ich schreibe meinen Entwurf wie ein Bildhauer oder Maler eine Skizze anfertigt. Diesen Schritt halte ich für besonders wichtig. Ich setze mich einige Stunden hin und schreibe nach Vorlage der Gliederung frei und ohne Bücher oder Hilfsmittel meine Arbeit. Für mich hat das den Vorteil, dass ich das Gefühl habe, ich habe die ganze Ar-

beit einmal heruntergeschrieben, ich weiß, wo schon etwas fertig ist und weiß auch, wo noch Lücken sind. Wenn ich dann anfange, im Detail zu arbeiten, kenne ich immer den Zusammenhang, in dem ich mich gerade befinde. Nun kann ich ohne meine Arbeit fast nicht mehr leben: zwei Herzen.
7. Ich finde Theorieaspekte aus der Bezugswissenschaft, in diesem Fall Gerontologie und Geragogik als interdisziplinäre Wissenschaftsdisziplinen. Ich finde wieder neue Kategorien, diesmal auf der Erklärungsebene. Ich frage mich, wer hat dazu schon gearbeitet, von wem kann ich lernen?
8. Ich sammle Literatur. Ich sammle Literatur unter den Stichworten der gefundenen Kategorien und unter den Namen derer, die dazu schon gearbeitet habe. Das setzt voraus, dass ich sehr viel, wirklich sehr viel lese, was ich parallel zu den bisherigen Schritten schon gemacht haben kann.
9. Ich arbeite die Literatur ein (Zitate, Anmerkungen, Exkurse). Für viele Wissenschaftler beginnt hier erst das wissenschaftliche Arbeiten. Aber für mich sind die vorhergehenden Schritte notwendig, wenn es zu einer für mich wichtigen Erarbeitung kommen soll. Jetzt ist mein Werk schon fast fertig: drei Herzen.
10. Ich formuliere das (End-)Thema. Natürlich bin ich mit einem Arbeitsthema angefangen. Aber das kann sich im Laufe der Arbeit verändert haben und nun, wo mein Werk vor mir liegt, formuliere ich es neu.
11. Ich fertige die Literaturliste an. Von Beginn an habe ich gelesen und Literatur gesammelt, erst noch wahllos, dann gezielt. Ich erkundige mich, in welcher Form der Betreuer, der Verlag, der Lektor die Anfertigung wünscht. Oftmals legen Verlage auch eine Vorlage zum Vertrag bei. Jetzt ist das Werk vollendet: vier Herzen.
12. Ich halte das Referat, schreibe die Klausur, gebe die Diplomarbeit, Staatsexamensarbeit, Dissertation ab. Da ich von meinen Fragen zu Anfang ausgegangen bin, war es für mich eine sinnvolle Erarbeitung. Ich gebe sie ab und kann danach an meiner bisherigen Frage oder an einer neuen Problemstellung weiterarbeiten. Nun bleibt nur noch eines:
13. Ich freue mich über mein Werk: fünf Herzen!

22 Elemente sinnvollen wissenschaftlichen Arbeitens

Elemente sinnvollen wissenschaftlichen Arbeitens

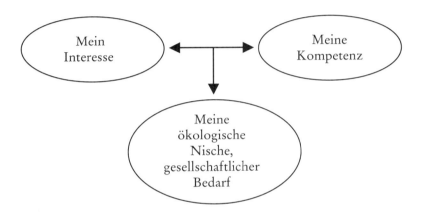

Folie 24

Für ein sinnvolles Studium, das bezogen ist auf meine eigene Person und auf eine spätere (Traum-)Tätigkeit in der Gesellschaft, empfehle ich, drei Elemente zu unterscheiden:

Zunächst geht es um mein Interesse. Was liegt mir am Herzen, was lässt mich nachts nicht schlafen, was will ich einmal werden? Dann ist meine Kompetenz, die ich schon mitbringe – von vorheriger Berufstätigkeit, anderen Studien, von Praktika – von Wichtigkeit. Und schließlich sollte ich mich bei der heutigen Arbeits- und Jobsituation immer schon fragen, wo liegt meine ökologische Nische, in der ich mich nach dem Studium »einnisten« könnte und einen Job bekommen könnte, wo ist gesellschaftlicher Bedarf für meine Thematik.

Am Beispiel der Aus- und Weiterbildung des Geragogen bedeutet das zunächst, es muss eine Liebe zu älteren Menschen vorliegen. Ihre Lebenssituation, ihre Biographie, ihr Lebenslauf als Kind, Jugendlicher, Erwachsener muss mich brennend interessieren. Wie ist die Stellung des älteren Menschen heute in der Gesellschaft? Welchen Beruf hat er gehabt? Welche Chancen und Herausforderungen sind für ihn gegeben? Wie lassen sich durch Lernen die Lebenssituation und die Entwicklung der Gesellschaft förderlich beeinflussen?

Die Kompetenzen ergeben sich aus vergangenen Tätigkeiten. Einige kommen aus der Jugendarbeit. Für die Arbeit mit älteren Menschen gelten dieselben Prinzipien, es handelt sich nur um eine andere Phase im Lebenszyklus. Andere kommen aus der Altenpflege und wollen sich jetzt stärker mit dem Aspekt des Lernens beschäftigen. Viele haben ihre Großmutter, ihren Großvater oder Vater und Mutter nach Frühverrentung vor Augen. Oder jemand hat schon in anderen Feldern der Begegnung mit älteren Menschen gearbeitet, im kommunalen Bereich, in Wohlfahrtsverbänden, in der Altenpflege, in Kirchen und Religionsgemeinschaften. Die Kompetenzen sollten erkannt und berücksichtigt werden.

Die gesellschaftliche Lücke für die Geragogik wird größer werden. Die Lerngesellschaft verlangt lebenslanges Lernen. Lebenslanges Lernen hört nicht in einem bestimmten Alter auf. Lebenslanges Lernen ist generationsübergreifendes Lernen. In dieser gesellschaftlichen Lücke kann ich aufgrund meiner Interessen und meiner Kompetenz mir meine ökologische Nische einrichten.

Nach den bisherigen Untersuchungen arbeiten Absolventen im Studienschwerpunkt Geragogik des Diplomstudienganges Erziehungswissenschaft in folgenden Tätigkeitsfeldern:
- Universität und Forschungsinstitute,
- Aus-, Fort- und Weiterbildung in der Gerontologie,
- Sozialer Dienst in der stationären Altenarbeit,
- Kommunale Altenarbeit,
- Altenberatung.

V

Geragogik in der Lerngesellschaft – Ausblick und Zukunftsperspektiven

Die Lern-, Bildungs- und Wissensgesellschaft wird für die Gerontologie eine Herausforderung darstellen, die die Notwendigkeit der neuen Wissenschaftsdisziplin Geragogik mehr und mehr verdeutlichen wird.

In der Altenbildung wird es darum gehen, den verschiedenen Generationen von Älteren gerecht zu werden. Diejenigen, die in den 80er Jahren mit der Weiterbildung im Alter begonnen haben, sind jetzt 80/90 Jahre alt. Sie haben nicht verlernt zu lernen, aber fühlen sich vielfach vergessen und allein gelassen. Wer heute – etwa in Dortmund ab 50 Jahren – mit dem Seniorenstudium beginnt, war seinerzeit 30/40 Jahre alt, eine andere Generation, mit anderen Bedürfnissen, anderen Bildungsbiographien, anderem Lebensstil.

Eine neue Herausforderung werden neben denjenigen, die sich auf freiwillige Tätigkeiten in der Zivilgesellschaft weiterbilden, die »Senior Professionals« (Lufthansa) sein, ältere Erwachsene, deren Kompetenz in Industrie und Wirtschaft weiter genutzt wird. Wie in der Vorbereitung auf nachberufliche Tätigkeiten müssen auch für diese Gruppe Lernformen entwickelt und übernommen werden, die dieser Zielgruppe es ermöglichen, ihre Praxiserfahrungen mit den Anforderungen einer neuen Entwicklung und neuer Theorieansätze zu verbinden.

Die Grundelemente dazu wurden an der Universität Dortmund entwickelt:
- Integration in die Aus- und Weiterbildung Jüngerer,
- Gruppenlernen,
- Vernetzung von Erfahrungs- und Theorieebene,
- Verbindung mit Sozialer Gerontologie und Geragogik als Bezugswissenschaften,
- zeitlich begrenzte Dauer mit Abschlusszertifikat.

Um die weitere Lehre der Geragogik etwa an Fachseminaren für Altenpflege oder in der Ausbildung von Sozial- und Diplompädagogen zu gewährleisten, ist die Ansiedlung der Geragogik an Wissenschaftlichen Hochschulen – zusätzlich zu der Lehrstuhlbesetzung an der Universität Dortmund – dringend erforderlich. Denn nur so ist die Qualifizierung des wissenschaftlichen Nachwuchses gewährleistet. Erforderlich ist auch die weitere Verankerung in schon bestehenden Einrichtungen, wie dem Arbeitskreis Geragogik an Hochschulen, der Deutschen Gesellschaft für Gerontologie und Geriatrie DGGG, der internationalen

NGO »International Consortium for Integenerational Programs ICIP« oder die Zusammenarbeit mit dem Projektbüro »Dialog der Generationen« in Berlin. Denn Geragogik muss auch begriffen werden als Wissenschaftsdisziplin, die intergenerationelles Lernen fordert.

In der Forschung wird es darum gehen, die Entwicklung und Erprobung neu entstandener Projekte zu Lernenden Regionen (wie das Projekt AMPEL im EUREGIO Raum), zu Agenturen für Gesellschaftliches Engagement (wie das Projekt AGE in Hamm), zu grenzübergreifender Altenbildung und Pflegeausbildung (wie in der Europäischen Seniorenakademie ESA) wissenschaftlich im Sinne der Prozessforschung zu begleiten und zu evaluieren.

Die Geragogik kann erweitert werden zu einem internationalen Studienverbund. Die Evaluation des EU/Kanada Projektes »GERON« hat dazu 1999-2002 erste wissenschaftliche Erkenntnisse geliefert. An dem Projekt, das die Weiterbildung in der Geragogik/gerontagogy zum Ziel hatte, haben die Universitäten Montreal, Sudbury (Kanada), Granada, Murcia (Spanien), Namur (Belgien), Ulm, Dortmund (Deutschland) teilgenommen.

Ein notwendiger Schritt im Rahmen des Modernisierungsprozesses der Gesellschaft und des globalen Wertewandels ist die Entwicklung der Transpersonalen Geragogik – doch dazu sollen in einem weiteren Buch Ansätze und Grundlagen erarbeitet werden.

Geragogik ist die Wissenschaft von der Bildungs- und Kulturarbeit in der alternden Lerngesellschaft. »Jede kulturelle Überlieferung ist zugleich ein Bildungsprozess für sprach- und handlungsfähige Subjekte, die sich darin ebenso formieren, wie sie ihrerseits die Kultur am Leben erhalten« (Habermas 1988, S. 101).

Wenn dieses Buch zum weiteren Verständnis der Geragogik beiträgt und die Weiterbildung in Lehre und Forschung fördert, würde ich mich sehr freuen.

Folien

Folie 1:	Fliege oder Spinne – Gefangen im Lebenslauf?	18
Folie 2:	Strukturveränderungen des Alterns	22
Folie 3:	Primäre, sekundäre, tertiäre Sozialisation	26
Folie 4:	Binnenstruktur der Identität	31
Folie 5:	Moderne – 2. Moderne – Postmoderne – Modernisierungsprozess	34
Folie 6:	Modernisierungsprozess	38
Folie 7:	Identitätsentfaltung nach Erikson	42
Folie 8:	Lebenslauftheorien	49
Folie 9:	Lebenslauftheorien/Erwachsenenalter und Alter	50
Folie 10:	Gerontologie und Geragogik	56
Folie 11:	Ziele der Geragogik	60
Folie 12:	Der Mensch als ein System aus Vielheiten	78
Folie 13:	Jung und Alt	86
Folie 14:	Individualisierung und Pluralisierung von Lebenswelten	88
Folie 15:	Felder intergenerationeller Programme	96
Folie 16:	Senioritätsprinzip und Modernisierungsprinzip	99
Folie 17:	Wichtigste Werte	109
Folie 18:	Traditionelle Werte	112
Folie 19:	Moderne Werte	115
Folie 20:	Weiterbildendes Studium für Seniorinnen und Senioren Universität Dortmund	125
Folie 21:	Wissen – Orientierung – Veränderung	137
Folie 22:	Erfahrungs- und Erklärungsebene am Beispiel »Erstsemester an der Universität«	140
Folie 23:	Der Weg wissenschaftlichen Arbeitens	142
Folie 24:	Elemente sinnvollen wissenschaftlichen Arbeitens	145

Literaturliste

Behrendt, R. (1962): Der Mensch im Lichte der Soziologie. Stuttgart

Bours, J. (1987): Wer es mit Gott zu tun bekommt. Schritte geistlicher Einübung in biblische Gotteserfahrungen. Freiburg

Erikson, E. H. (1982): The Life Cycle Completed. New York, London

Erikson, E. H. (1988): Der vollständige Lebenszyklus. Frankfurt a. M.

Griffiths, B. (1990): Die neue Wirklichkeit. Westliche Wissenschaft, östliche Mystik und christlicher Glaube. Grafing

Habermas, J. (1988): Nachmetaphysisches Denken. Frankfurt a. M.

Yoon, Seon-O (1998): Das Alter und die Gesundheit. Die Anwendung der alten chinesischen Weisheitslehre in der modernen Lebenswelt älterer Menschen. Oberhausen

Kim da Silva (2000): Der inneren Uhr folgen. Der praktische Weg zu einem gesunden Tagesrhythmus. München

Rajeswarnanda, S. (Hrsg.)(1995): Ramana Maharshi. Thus spoke Ramana. Nr. 22. Tiruvanamalai

v. Rezzori, G. (1997): Mir auf der Spur. München

Veelken, L. (1990): Neues Lernen im Alter. Bildungs- und Kulturarbeit mit »Jungen Alten«. Heidelberg

Veelken, L. (1994): Geragogik/Sozialgeragogik – eine Antwort auf neue Herausforderungen an Gerontologischer Bildungsarbeit, Kultur- und Freizeitarbeit. In: Veelken, L.; Gösken, E.; Pfaff, M. (Hrsg.): Gerontologische Bildungsarbeit. Neue Ansätze und Modelle. Hannover, S. 13-52

Veelken, L. (1997): Junge Alte zwischen traditionellem Ehrenamt und neuem Sozialen Engagement. Lernen und Tätigsein, Studium und Initiative in wissenschaftlicher Weiterbildung von Senioren. In: Mertens, K. (Hrsg.): Aktivierungs-Programme für Senioren. Dortmund, S. 32-44

Veelken, L. (1998): Jung und Alt – Teile eines Ganzen und Ganze als Teile. Aspekte einer Theorie der intergenerativen Vernetzung der Generationen. In: Veelken, L; Gösken, E; Pfaff, M. (Hrsg.): Jung und Alt. Beiträge und Perspektiven zu intergenerativen Beziehungen. Hannover, S. 61-87

Veelken, L. (2000): Geragogik: Das sozialgerontologische Konzept. In: Becker, S.; Veelken, L.; Wallraven, K. (Hrsg.): Handbuch Altenbildung. Theorien und Konzepte für Gegenwart und Zukunft. Opladen, S. 87-94

Veelken, L. (2001): Geragogik – Alles Wissen zielt auf Selbsterkenntnis. In: Veelken, L; Gösken, E; Pfaff, M. (Hrsg.): Alter und Aufbruch in neue Lebens- und Wissenschaftswelten. Oberhausen, S. 85-106

Wilber, K. (1999): Das Wahre, Schöne, Gute. Geist und Kultur im 3. Jahrtausend. Frankfurt a. M.

Zimmer, H. (1991): Der Weg zum Selbst. Lehre und Leben des Sri Ramana Maharshi